Durstberger / Most · Strategieentwicklung in Banken

Herbert Durstberger / Susanne Most

Strategieentwicklung in Banken

Ein congenialer Planungsprozeß

GABLER

Die Deutsche Bibliothek - CIP-Einheitsaufnahme

Durstberger, Herbert:
Strategieentwicklung in Banken : ein congenialer
Planungsprozess / Herbert Durstberger/Susanne Most. -
Wiesbaden : Gabler, 1996
ISBN-13: 978-3-322-84621-1   e-ISBN-13: 978-3-322-84620-4
DOI: 10.1007/978-3-322-84620-4
NE: Most, Susanne

Der Gabler Verlag ist ein Unternehmen der Bertelsmann Fachinformation.

© Betriebswirtschaftlicher Verlag Dr. Th. Gabler GmbH, Wiesbaden 1997
Softcover reprint of the hardcover 1st edition 1997
Lektorat: Silke Strauß

Das Werk einschließlich aller seiner Teile ist urheberrechtlich geschützt. Jede Verwertung außerhalb der engen Grenzen des Urheberrechtsgesetzes ist ohne Zustimmung des Verlags unzulässig und strafbar. Das gilt insbesondere für Vervielfältigungen, Übersetzungen, Mikroverfilmungen und die Einspeicherung und Verarbeitung in elektronischen Systemen.

Höchste inhaltliche und technische Qualität unserer Produkte ist unser Ziel. Bei der Produktion und Verbreitung unserer Bücher wollen wir die Umwelt schonen: Dieses Buch ist auf säurefreiem und chlorfrei gebleichtem Papier gedruckt. Die Einschweißfolie besteht aus Polyäthylen und damit aus organischen Grundstoffen, die weder bei der Herstellung noch bei der Verbrennung Schadstoffe freisetzen.

Die Wiedergabe von Gebrauchsnamen, Handelsnamen, Warenbezeichnungen usw. in diesem Werk berechtigt auch ohne besondere Kennzeichnung nicht zu der Annahme, daß solche Namen im Sinne der Warenzeichen- und Markenschutz-Gesetzgebung als frei zu betrachten wären und daher von jedermann benutzt werden dürften.

Umschlaggestaltung: Schrimpf und Partner, Wiesbaden
Satz: Fotosatz L. Huhn, Maintal

ISBN-13: 978-3-322-84621-1

Danksagung

Besonderer Dank gilt unserer Kollegin Anne Helmes. Sie gestaltete das Layout und sorgte für die EDV-gerechte Aufbereitung. Als Mittlerin zwischen uns Autoren und dem Verlag war sie der Motor unseres Vorhabens.

Herrn Oliver Weiss, Design & Illustration, danken wir für die launige grafische Gestaltung. Seine Zeichnungen werden selbst dem Theoretiker ein Schmunzeln entlocken. Seine Kreativität und sein Witz zeigen einmal mehr, daß Strategische Planung auch Spaß machen kann.

Inhaltsverzeichnis

Kapitel 1
Strategische Planung in Kreditinstituten 9

Kapitel 2
In sechs Schritten vom Leitbild zum Jahresplan 21

2.1 Der Ablauf der strategischen Planung 22
2.2 Die organisatorische Verankerung der strategischen Planung
 im Unternehmen 24

Kapitel 3
Das Unternehmensleitbild: Die „mission" und strategische
Erfolgsfaktoren 35

3.1 Das Verhältnis zu den Bezugsbereichen 37
3.2 Die Formulierung der „mission" 38
3.3 Die Definition der strategischen Erfolgsfaktoren 43
3.4 Gestaltungskriterien und beachtenswerte Faktoren bei der
 Leitbilderarbeitung 46
3.5 Einsatzmöglichkeiten des Leitbildes 47
3.6 Beipiele aus der Praxis 49

Kapitel 4
Die Planfeldsystematik 57

4.1 Der gedankliche Raster für eine systematische Planung 59
4.2 Beispiele aus der Praxis 65
4.3 Übersicht der Planfelder und ihrer Elemente 67

Kapitel 5
Die Umfeldanalyse 83

5.1 Schritte zur Erarbeitung eines Szenarios 87
5.2 Beispiele aus der Praxis 92

Kapitel 6
Die Unternehmensanalyse 101
6.1 Begriffsbestimmung und Vorgehensweise 104
6.2 Informationsbeschaffung für den Stärken-Schwächen-Katalog 106
6.3 Der Bewertungsvorgang im Stärken-Schwächen-Katalog . . . 112
6.4 Beispiele aus der Praxis 114

Kapitel 7
Das strategische Konzept: Zielrichtungen und Strategien . . . 117
7.1 Das Vorgehen bei der Strategieentwicklung 119
7.2 Der Einsatz der Portfoliomethode für ausgewählte Planfelder 124
7.3 Checkliste für das Erarbeiten von Zielrichtungen 130
7.4 Beispiele aus der Praxis 135

Kapitel 8
Die Jahresplanung 141

8.1 Von den Strategien zu geschäftspolitischen Jahresschwerpunkten 143
8.2 Beipiele aus der Praxis 150

Kapitel 9
Anwendungsmöglichkeiten congenialer Planung auf
Unternehmensteile 155

Kapitel 10
Zeitbedarf für strategische Planungsprojekte 159

Kapitel 1

Strategische Planung in Kreditinstituten

Strategische Planung in Kreditinstituten

Operative Planung in Form von Hochrechnung der Bilanz- und G&V-Struktur gibt es schon seit Mitte der 60er Jahre. Liquiditäts- und Gewinnplanung wegen der Erfüllung der KWG-Grundsätze bereits davor. Alles das hatte aber den Charakter einer Vorwärtsbuchhaltung („Handlungskostenvoranschläge").

Strategische Planung hingegen ist bei den Banken und Sparkassen im deutschen Sprachraum erst Anfang der 70er Jahre entstanden. Dies zeigt eine im Jahre 1988 abgeschlossene Untersuchung bei 79 Geschäftsbanken Deutschlands, Österreichs und der Schweiz[1]. Hauptkritikpunkte an den Langfristplanungen aus dieser Zeit waren:

- Sie waren im Grunde ebenfalls nur Hochrechnungen – zwar über mehr als drei Jahre – und oft auf Basis von Operations-Research-Modellen in Form von Regressionsanalysen.

- Die sogenannten strategischen Pläne enthielten meist nur rechenhafte Größen ohne qualitative Zielrichtungen.

- Langfristplänen fehlte meist die Verbindung zu den operativen Jahresplänen, so daß sie als theoretische Konzepte in Schubladen landeten.

- Sie blieben oft als streng vertrauliche Akten nur dem Vorstandsvorsitzenden vorbehalten.

- Nur selten wurden aus dem strategischen Konzept gemäß Chandlers Grundsatz „Structure follows Strategy" aufbauorganisatorische Schlüsse gezogen, geschweige denn diese verwirklicht.

Anfang der 80er Jahre übernehmen die Banken – angeregt durch amerikanische Unternehmensberater – die Portfoliomethode aus der strategischen Planung für die Industrie.

Ab diesem Zeitpunkt finden nicht nur qualitative Aussagen Eingang in die strategischen Konzepte, sondern die „beplanten" Institute werden auch aufbauorganisatorisch „durcheinandergebeutelt". Der Wildwuchs

---

[1] Moormann, J., in: Die Bank, 6/88

„Strategischer Geschäftseinheiten" greift um sich und demotiviert ganze Führungsebenen so mancher Bank in Deutschland. Noch fehlt aber die letzte organisatorische Konsequenz zur Schaffung geschlossener Verantwortungsbereiche: ein Steuerungsinstrument, das die Ergebnisverantwortung messen und nachweisen kann. Mit der Weiterentwicklung der Bankkostenrechnung zur Konten-, Kunden- und Produktkalkulation mit Hilfe der Marktzinsmethode wird die letzte Lücke zur strategischen und operativen Steuerung einer Bank sowie zur Überprüfung der Strategie geschlossen. Voraussetzung dafür sind ausgezeichnet funktionierende DV-Systeme mit entsprechend großen Speicherkapazitäten und hochentwickelter Software. Das alles war in der deutschen Bankenlandschaft in der zweiten Hälfte der 80er Jahre verwirklicht. Technisch war nun alles möglich. Was man allerdings vergessen hatte, waren die Menschen und die sozialen Prozesse in Organisationen. Sie sollten die Einführung solcher, in eine Organisation tief eingreifende, Steuerungsinstrumente tragen.

Doch dafür fühlten sich die für die Konzeption von Planungssystemen engagierten Unternehmensberater meist nicht zuständig. „Das ist Sache des Managements", hörte man oft. Auch wir als Unternehmensberater konnten uns dem Wettlauf um die Perfektionierung der Instrumente nicht entziehen. Immer neue Bausteine wurden in den Planungsablauf eingebaut, bestehende überarbeitet und dem neusten Stand angepaßt. In dieser technokratisch orientierten Periode blieb auch seitens der Klienten wenig Zeit für Prozesse der Organisationsentwicklung. Doch unter dem Blickwinkel „Gute Planung ist realisierte Planung" haben wir uns wieder auf diesen Prozeß besonnen.

Die von unserer Gesellschaft congena so benannte *„congeniale"* Entwicklung von *Strategien* für Kreditinstitute zeichnet sich gegenüber herkömmlichen Planungsmethoden durch folgende Merkmale aus:

- *Congeniale* Bankstrategien werden mit den Beteiligten gemeinsam entwickelt. Das heißt, Entscheidungsträger beziehen Mitarbeiter in den Zielfindungsprozeß mit ein; Betriebsbereiche und Stäbe beziehen die Marktbereiche mit ein; Berater – sofern dafür engagiert – beziehen den Klienten voll in die Erarbeitung der Konzepte ein und liefern nicht nur ein fertiges Planungsergebnis ab.

- *Congeniale* Bankstrategien gehen von keinem vorgegebenen Wertesystem aus, wie etwa bei vielen Anwendungen der Portfoliomethode. Hier sind oft Wachstum/Marktanteil und Rentabilität/Deckungsbeiträge die alleinigen Gradmesser für den Erfolg eines Unternehmens. Vielmehr orientiert sich die congeniale Entwicklung von Strategien an den Werthaltungen aller Beteiligter am Planungsprozeß.

- *Congeniale* Bankstrategien basieren auf der Einbeziehung aller relevanten Einflußbereiche und deren gegenseitiger Wechselwirkung. Unternehmen – Kunde – Umfeld und fallweise auch Berater sind die Bereiche, die *congenial* zusammenzuführen sind, um daraus integrierte Handlungsmöglichkeiten zu entwickeln. Dabei wird der Konsens aller Beteiligten angestrebt.

- *Congeniale* Bankstrategien zeichnen sich mehr durch das „Wie" als durch das „Was" aus. Sie werden

- *zügig* entwickelt, das heißt in einem guten Verhältnis von Zeitaufwand und Ergebnis dank vielfach bewährter Instrumente

- *akzeptiert* als Folge der Einbeziehung der Beteiligten und

- *umgesetzt*, weil Mitwirkung an der Entwicklung auch Verpflichtung und Engagement für die Realisierung erzeugt.

Allgemein beobachtet gewinnen in der Bankenlandschaft die Prozesse der Organisationsentwicklung in den 90er Jahren wieder an Bedeutung. Grund hierfür ist, daß Banken und Sparkassen in Deutschland und Österreich folgende Phänomene feststellen:

- Planungsmüdigkeit im strategischen Bereich,
- zunehmende Zielabweichungen im operativen Bereich,
- demotivierende „Zielvereinbarungen", die meist in Zielvorgaben ausarten,
- sich häufende Zielkorrekturen während eines Planjahres,
- ein immer stärkeres Auseinanderklaffen zwischen strategischer und operativer Planung und zu guter letzt auch noch
- frustrierte Planungsstäbe.

Diese Situation veranlaßt Bank- und Sparkassenvorstände immer häufiger, das Planungssystem selbst bzw. den Umgang mit diesem Instrument untersuchen zu lassen und Lösungen für einen wirksameren Einsatz zu finden. In einer Reihe von Projekten der jüngsten Vergangenheit befaßten wir uns erfolgreich mit diesen Problemstellungen.

Aus unserer Praxis bieten sich die in den folgenden Kapiteln näher beschriebenen Möglichkeiten zur Revitalisierung des Planungsprozesses an.

Den *Begriffsdefinitionen zur Planung* messen wir in der Praxis nur wenig Bedeutung bei. Die Fachliteratur des letzten Jahrzehnts hat ausreichend zur babylonischen Sprachverwirrung beigetragen. Einen weiteren Beitrag hierzu wollen wir dem Leser dieses Buches ersparen. Für die Praxis erscheint uns nur wichtig, daß möglichst alle Führungskräfte und Mitarbeiter eines Institutes ein gemeinsames Verständnis von den gleichen Begriffsinhalten haben. Im Kapitel acht – Jahresplanung – werden wir an Beispielen illustrieren, wie diese Planungsbegriffe für den Praktiker leicht handhabbar gefaßt werden können.

Vorweg einige Unterscheidungen zur Charakterisierung der häufigsten Begriffe:

Wir – wie auch die meisten Praktiker, mit denen wir gearbeitet haben – verbinden mit dem Begriff *strategisch* grundlegende, qualitative Aussagen zu Zielvorstellungen mit meist langfristiger Perspektive. Diese Aussagen haben geschäftspolitische Relevanz, d.h. sie werden aus einer Gesamtunternehmenssicht getroffen.

Die strategische Planung

- dient dem Erkennen und Schaffen langfristiger Erfolgspositionen,
- erfordert eine integrative Erarbeitung von Zielen und Strategien zur Nutzung bzw. Erreichung dieser Erfolgspositionen und
- bedeutet eine Mobilisierung aller positiven Kräfte im Unternehmen zur Schaffung nachhaltiger Wettbewerbsvorteile.

Dem gegenüber steht der Begriff *operativ* für quantifizierte oder so detailliert beschriebene Zustände und Handlungen, daß man deren Realisierung auch innerhalb eines Planjahres überprüfen kann.

Die operative Planung

- beinhaltet das Konkretisieren der Ziele und Strategien für einen kurz- und mittelfristigen Zeithorizont wie etwa ein bis drei Jahre und
- konzentriert sich auf das Entwickeln der Einzelhandlungen zur Zielerreichung mit Festlegung von Verantwortlichkeiten und Terminen sowie mit der Quantifizierung der Kosten und Zielerreichungsbeiträge.

Im Zusammenhang mit der operativen Planung taucht auch der oft mißverstandene Begriff *Controlling* auf. Controlling wird häufig nur auf seine Kontrollfunktion beschränkt, dabei bedeutet Controlling im angelsächsischen Sinne das Steuern von Unternehmen. Daher wird dieser Begriff von einigen Autoren auch synonym mit Planung verwandt. Die Assoziation des Begriffes Controlling mit operativer Planung rührt daher, daß sich in der Praxis Controlling stärker auf operative und quantitative Ausprägungen des Unternehmensgeschehens konzentriert. Die Steuerung des Unternehmens erfolgt hauptsächlich über Kennzahlen.

Für die Steuerung von Unternehmen sind – unabhängig von „Modeschwankungen" in der Planungstheorie – *Steuerungsinstrumente* erforderlich, die folgende Anforderungen erfüllen. Sie sollen

- von einer langfristigen Perspektive unter Einbeziehung des Selbstverständnisses und der Umfeldentwicklungen abgeleitet, bis zu den daraus fließenden kurzfristigen Maßnahmen das Unternehmensgeschehen beeinflussen und steuern,
- alle Unternehmensbereiche integrieren und
- einen periodischen Abgleich zwischen den Soll-Vorstellungen und der Ist-Situation sicherstellen. So können die Planenden aus der jeweiligen Differenz für künftige Zielsetzungen lernen und das Umfeld, die Fähigkeiten des Unternehmens sowie die Wirksamkeit der Maßnahmen besser einschätzen.

Werden diese Voraussetzungen vom Steuerungsinstrumentarium erfüllt, kann das Institut zu einer „lernenden Organisation" werden, die Umfeldänderungen erfolgreich zu nutzen versteht.

Der Begriff der *strategischen Führung* wird in der Planungstheorie stärker mit dem Führungsstil und den Fragen der Organisationskultur in Zusammenhang gebracht und betont die Umsetzung der Ergebnisse aus der strategischen Planung über Zielfindungs- und Lernprozesse. In der Planungspraxis wird die strategische Führung bzw. das strategische Management meistens im Zusammenhang mit der Anwendung der Portfoliomethode und der daraus folgenden Umsetzung hinsichtlich Aufbauorganisation und Personal gebraucht. Dies bedeutet eine Verengung der ursprünglichen Bedeutung der strategischen Unternehmensführung.

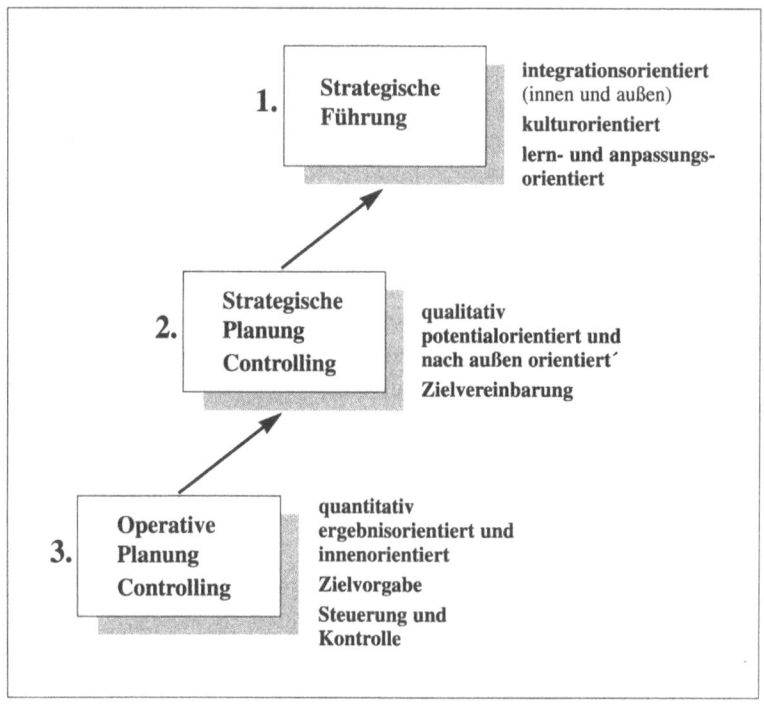

Abbildung 1: Entwicklungsstufen der Planung

In der Planungswirklichkeit sind die zunächst theoretisch anmutenden Grundkonzepte[2] der Planung von eminenter Bedeutung.

In der Praxis stellt sich nämlich die Frage, ob die Geschäftsleitung eines Institutes bereit ist, mit der Lösung einer Reihe von geschäftspolitischen Fragen zu warten, bis das strategische Gesamtunternehmenskonzept steht. Meist sind Topmanager sehr ungeduldig und wollen ihre Einzelprobleme gelöst haben, noch bevor das Strategiekonzept erarbeitet ist. Selbst auf die Gefahr hin, die vorgeschlagenen Einzellösungen könnten dem Gesamtplan widersprechen. In der Planungstheorie bezeichnet man das Vorgehen vom Grundsätzlichen ins Detail als den *synoptischen* Ansatz; das Vorgehen vom Einzelnen zum Grundsätzlichen den *inkrementalen* Planungsansatz.

---

2 Bircher, B., Langfristige Unternehmensplanung, in: Haupt Verlag, 1976

Hierzu ein Negativbeispiel aus der Praxis:
Der Vorstand einer mittelgroßen Sparkasse in Süddeutschland antwortete auf unser Schreiben, mit dem wir ihn an seine Absicht erinnerten, ein strategisches Konzept zu erarbeiten, mit folgenden Zeilen:

„Wir danken für Ihr Erinnern an unser gemeinsames Vorhaben zur Einführung einer strategischen Planung. Leider bindet die Neustrukturierung unseres Zweigstellennetzes sowie die Konzeption einer neuen EDV-Generation für unser Haus unsere ganze Aufmerksamkeit sowie die personellen und finanziellen Ressourcen, so daß wir das in Rede stehende Projekt hintenanstellen müssen... Nach Abschluß dieser Überlegungen und erforderlichen Maßnahmen werden wir wieder auf unser Vorhaben zurückkommen."

Die Frage, die sich methodisch stellt, ist, ob der Vorstand mit der Ausarbeitung eines Vertriebswegekonzeptes oder eines langfristigen EDV-Konzeptes wartet, bis ein Leitbild mit der Definition der Rolle der Bank in der regionalen Gesellschaft und Wirtschaft erstellt wurde, oder ob Vorschläge zu den genannten Fragen kurzfristig zu erarbeiten sind. Ergibt nicht auch die Summe der Einzelkonzepte die Gesamtstrategie eines Hauses? Welcher Weg ist der Richtige?

Summe der Einzelkonzepte ergibt die Gesamtstrategie – oder auch nicht!

Ein weiteres Gegensatzpaar ist der Ansatz „*von außen*", nämlich ausgehend von den Chancen und Risiken aus dem Umfeld, versus dem Ansatz „*von innen*", nämlich ausgehend von den Stärken und Schwächen des Institutes selbst. In der Praxis stellt sich die Frage, beginnt man im Planungsprozeß mit einer Umfeldanalyse, um Chancen und Risiken aufzuspüren oder mit einer Unternehmensanalyse, um die eigenen Stärken zu nutzen und Schwächen zu beseitigen.

Die Frage, ob man im Unternehmen *von oben nach unten* oder *von unten nach oben* planen sollte, wird im Planungschinesisch mit „top down" oder „buttom up" gestellt und sehr unterschiedlich beantwortet. Fast jede planende Bank hat in dieser Frage „Fehler", das heißt, ihre schlechten Erfahrungen gemacht.

Und zuletzt noch die Frage, die vor allem in größeren Instituten von Belang ist: Sollen strategische Konzepte von nur einer Stelle ausgearbeitet werden oder tun diejenigen Entscheider recht daran, sich von mehreren Stellen gleichzeitig Konzepte ausarbeiten zu lassen, um durch Gegenüberstellung die „richtige" Entscheidung treffen zu können. Die Planungstheorie spricht hier vom *dialektischen* und *nicht dialektischen* Planungsansatz.

Das letztgenannte theoretisch klingende Grundkonzept ist in der Praxis gang und gäbe. Vorstände setzen oft zwei Stellen des Institutes gleichzeitig auf ein Planungsproblem an, ohne daß diese Stellen von ihren Aufträgen gegenseitig wissen. Konflikte werden so erzeugt oder auch genutzt. Was ist hier für das Kreditinstitut und die Planung zweckmäßiger?

In den zwei Jahrzehnten unserer Planungstätigkeit haben wir jeden dieser Ansätze mindestens einmal angewandt und mit mindestens einem davon Schiffbruch erlitten. Aus diesen ca. 50 Projekten haben wir gelernt. Das Fazit daraus finden Sie in den nachfolgenden Empfehlungen.

Kapitel 2

In sechs Schritten vom Leitbild zum Jahresplan

In sechs Schritten vom Leitbild zum Jahresplan

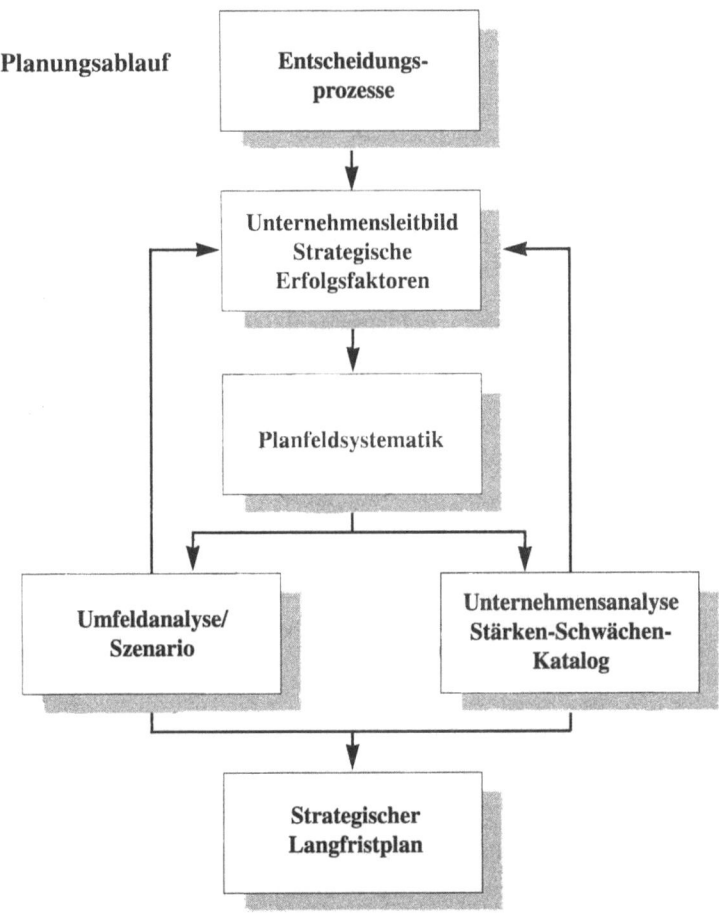

Abbildung 2: Die sechs Schritte im Überblick

2.1 Der Ablauf der strategischen Planung

Der nachfolgend beschriebene, von uns empfohlene Planungsablauf ist im Sinne der beschriebenen Grundkonzepte ein synoptischer Ansatz, der ein Dialogverfahren top down und bottom up vorsieht.

- **Entscheidungsprozesse**
  Bei Installierung einer strategischen Planung bzw. Anpassung einer bereits vorhandenen Planung an strategische Erfordernisse sollten sich die Entscheidungsträger vor Augen führen, wie üblicherweise im Institut Entscheidungsprozesse für das Tagesgeschäft ablaufen. Meist sind diese nicht geeignet, strategische Probleme zu lösen. In den meisten Fällen werden daher für die Erarbeitung von strategischen Konzepten andere Zielfindungs- und Entscheidungsverfahren gewählt als bisher üblich.

- **Unternehmensleitbild – strategische Erfolgsfaktoren**
  In dieser Phase werden entsprechend dem synoptischen Ansatz die Wertvorstellungen der Entscheidungsträger, gegebenenfalls auch der zweiten und dritten Ebene, transparent gemacht und diskutiert. Das Selbstverständnis des Unternehmens mit seiner unverwechselbaren Aufgabe, seine „mission", wird formuliert. Ferner wird die Rolle definiert, die es gegenüber bestimmten Bereichen außerhalb und innerhalb spielt. In dieser Phase sind die Werthaltungen zunächst „aus dem Bauch heraus" zu äußern und zu diskutieren ohne weitere Analyse von Datenmaterial. Ergebnis dieses Arbeitsschrittes ist eine gemeinsame Vorstellung dessen, wie sich das Unternehmen sehen möchte und welche Rolle es in den nächsten fünf bis zehn Jahren in Gesellschaft und Wirtschaft, gegenüber seinen Konkurrenten, Eigentümern, Abnehmergruppen etc. einnehmen will.

  Darüber hinaus werden jene Faktoren bestimmt, die in der langfristigen Zukunft den Erfolg des Unternehmens tragen sollen. Auch diese strategischen Erfolgsfaktoren sind zunächst ohne Analyseergebnisse aufgrund der Wertvorstellungen zu bestimmen, wobei man sich auf drei bis fünf solcher Faktoren beschränken sollte.

- **Die Planfeldsystematik**
  Sie bildet ein Analyseraster, das ermöglicht, in der weiteren Folge das Unternehmen in überschaubaren Einheiten zu analysieren. Die Planfelder richten sich nach den Funktionen, die das Unternehmen ausübt und den Bereichen, mit denen sich das Unternehmen innen und außen auseinanderzusetzen hat. Sie sind in der Regel weder identisch mit den Organisationseinheiten noch mit den in der Portfoliomethode üblichen strategischen Geschäftseinheiten bzw. -feldern. Planfelder sind ein gedankliches Raster, anhand dessen Informationen gesammelt und dokumentiert werden. Sie sind die Grundlage für ein strategisches Informationssystem. Außerdem ist die Planfeldsystematik ein Leitfaden dafür, in welcher Reihenfolge das Unternehmen zu „beplanen" ist. Es stellt somit die innere Logik des weiteren Planungsvorgehens für das Unternehmen dar.

- **Umfeldanalyse/Szenario**
  In dieser Phase wird ein Blick in das Umfeld des Unternehmens geworfen, um die Entwicklungen zu erfassen, die für die nächsten fünf bis zehn Jahre relevant sein werden. Die Umfeldanalyse enthält sowohl quantitative als auch qualitative Prognosen. Letztere werden insbesondere mit der Szenariotechnik erarbeitet.

- **Unternehmensanalyse/Stärken-Schwächen-Katalog**
  In diesem Schritt wird das Unternehmen selbst untersucht. Die Unternehmensanalyse enthält harte und weiche Daten; Daten in Form von betriebswirtschaftlichen Kennzahlen, aber auch Aussagen zu Fragen der Organisation, der Mitarbeiterführung etc. Die gesammelten Informationen sowohl quantitativer als auch qualitativer Art sind in einem Stärken-Schwäche-Katalog zu bewerten. Bewertungsmaßstab sind das Unternehmensleitbild bzw. der Vergleich mit Wettbewerbern sowie Aussagen aus der Umfeldanalyse.

- **Überprüfung des Leitbildes und der strategischen Erfolgsfaktoren**
  Die Feedback-Pfeile von der Umfeldanalyse und der Unternehmensanalyse zum Unternehmensleitbild zeigen, daß dann eine Korrektur am Leitbild vorzunehmen ist, wenn beipielsweise die Umfeldanalyse ergibt, daß die Verwirklichung des Leitbildes auch in den nächsten zehn Jahren aussichtslos ist bzw. das Umfeld die gewünschte Entwicklung des Unternehmens nicht zuläßt.

- **Strategischer Langfristplan**

  Aus den Bausteinen des Unternehmensleitbildes mit den strategischen Erfolgsfaktoren, der Umfeldanalyse und der Unternehmensanalyse werden planfeldweise die strategischen Stoßrichtungen für das Gesamtunternehmen erarbeitet. Dabei wird insbesondere für die Planfelder „Zielgruppen" und „Produkte" die Portfoliomethode angewandt.

  Die Markt-/Produkt-Segmente werden zu strategischen Geschäftseinheiten kombiniert und nach ihrer Marktattraktivität und den relativen Wettbewerbsvorteilen beurteilt. Aufgrund dieser Bewertung im sogenannten Ist-Portfolio werden Strategien entwickelt, die zum gewünschten Ziel-Portfolio führen.

- In der **operativen Planung** geht es darum, die meist langfristigen strategischen Stoßrichtungen in Jahresziele und diesbezügliche Maßnahmen umzusetzen. Im Sinne eines integrativen Planungs- und Lernprozesses darf die Realisierungsphase und Kontrolle der Zielerreichung mit einer periodischen Abweichungsanalyse nicht fehlen.

2.2 Die organisatorische Verankerung der strategischen Planung im Unternehmen

Ziele der Planungsorganisation sind

- den Planungsprozeß in Gang zu setzen und aufrecht zu erhalten,
- alle Unternehmensbereiche und möglichst viele Mitarbeiterebenen in folgende Bestandteile des Planungsprozesses einzubinden:
  - Informationsgewinnung
  - Ideenfindung
  - Entscheidungsfindung
  - Realisierung
  - Lernprozeß

Daher empfiehlt es sich, die Aufbauorganisation und die Entscheidungsprozesse für die strategische Planung bewußt auf diese Ziele auszurichten.

In der Regel installieren wir – gleichgültig, ob es sich um eine Ersteinführung oder um eine Revitalisierung der Planung handelt – eine Projektorganisation. Je nach Größe des Unternehmens werden zwei oder drei Stufen im Entscheidungsfindungsprozeß geschaffen.

Beispiele:

Zwei Stufen: Planungsteam, Entscheidungsgruppe
Drei Stufen: Planungsteam, Beratungsgruppe, Entscheidungsgruppe

Die Installierung eines schlagkräftigen Planungsteams setzt voraus, daß für die Projektdauer erfahrene Mitarbeiter aus den wichtigsten Unternehmensbereichen gefunden werden, die

- ihre Unternehmensbereiche im Planungsprozeß vertreten und
- erforderliches Fachwissen und Institutserfahrung in das Team einbringen.

Das Planungsteam übernimmt die Auswahl, Anpassung und Weiterentwicklung der zweckmäßigsten Planungsmethoden und der Planungsorganisation, die Erarbeitung der Planungsinhalte sowie die Entscheidungsvorbereitung.

Das Planungsteam ist in der Lage, den Prozeß in jenem Tempo voranzutreiben, das zur Erhaltung der Startmotivation des Managements und der beteiligten Mitarbeiter erforderlich ist. Der erste Planungszyklus sollte in einem überschaubaren Zeitraum abgeschlossen sein.

Insgesamt sind folgende Aufgaben im strategischen Planungsprozeß zu erfüllen, die wir je nach Unternehmensgröße zwei oder drei Gruppen im Unternehmen zuordnen.

Planungsteam

Das Planungsteam hat die Aufgabe:

- den Planungsablauf zu koordinieren, zu organisieren und zu administrieren,
- die Planungsergebnisse zu dokumentieren und die beteiligten Stellen zu informieren,

- die einzelnen Schritte des Planungsablaufs inhaltlich vorzubereiten, und zwar:
  - Vorformulierung des Unternehmensleitbildes,
  - Erarbeitung der Planfeldsystematik,
  - Organisieren der Szenario-Workshops für die Umfeldanalyse sowie Einholen der Daten und Informationen zur Umfeldanalyse, Dokumentation und Zusammenfassung des Szenario-Workshops,
  - Aufstellen des Analysefragebogens zur Unternehmensanalyse, Durchführung der Befragungen (schriftlich/mündlich), Aufstellen des Stärken-Schwächen-Katalogs, Organisieren und Steuern der Workshops zur Bewertung des Stärken-Schwächen-Katalogs,
  - Erarbeiten des Ist- und Soll-Portfolios, Erarbeiten der strategischen Zielrichtungen, Ziele und Strategien.

Das Planungsteam ist somit verantwortlich für die Inganghaltung, Koordination und inhaltliche Vorbereitung des gesamten Planungsprozesses.

Beratungsgruppe

Die Beratungsgruppe setzt sich meist aus Vertretern der zweiten Führungsebene zusammen und repräsentiert die wichtigsten Bereiche für die Entwicklung des Unternehmens.

Dabei achten wir in der Praxis darauf, daß vor allem jene Persönlichkeiten des Institutes vertreten sind, die Einfluß auf die Geschicke des Unternehmens nehmen. Das bedeutet, daß die Auswahl nicht rein funktionsbezogen getroffen werden sollte, sondern auch gruppendynamische Effekte zu berücksichtigen sind. Ferner ist auch die Gruppengröße zu berücksichtigen und damit die Arbeitsfähigkeit dieser Gruppe.

Die Hauptfunktionen der Beratungsgruppe sind:

- Fachberatung an „Problemteilen" der Strategischen Planung,
- sachliche Repräsentationsfunktion für die einzelnen Bereiche zur Vermeidung von Teillösungen und Teiloptimierung,
- Funktion eines „Kontrollorgans" für das Planungsteam in der Weise, daß dieses in der Zusammenarbeit mit der Beratungsgruppe seine Vorstellungen diskutiert und hinterfragt,

- Hinwirken auf die Realisierbarkeit der Planungsergebnisse und verantwortliche Mitwirkung bei der Realisierung.

Entscheidungsgruppe

Die Entscheidungsgruppe umfaßt in der Regel alle obersten Entscheidungsträger des Institutes, sprich den Vorstand, erweitert um Delegierte aus der Beratungsgruppe.

Die Entscheidungsgruppe hat die Aufgabe, Entscheidungen zu fällen über

- die Installierung der Planungsorganisation und Gestaltung der Entscheidungsprozesse,
- Umfang und Zeitplan des Planungsvorhabens sowie
- über die inhaltlichen Ergebnisse in den einzelnen Planungsschritten, insbesondere:
  - das Unternehmensleitbild,
  - Zielrichtungen und Strategien,
  - geschäftspolitische Jahresschwerpunkte.

Die Entscheidungsgruppe hat ferner die Aufgabe, die Realisierung der Planungsergebnisse zu überwachen und zum Teil an der Umsetzung mitzuwirken.

In kleinen und mittleren Instituten ist es aus zeitökonomischen Gründen zweckmäßiger Beratungs- und Entscheidungsgruppe zusammenzulegen. So spart man separate Sitzungen mit der Beratungsgruppe. Die Gruppengröße sollte 15 Teilnehmer nicht übersteigen.

Die Frage, die in der Praxis immer wieder auftaucht, ist, ob bei Ersteinführung eine Projektorganisation gewählt wird und nach Implementierung die strategische Planungsfunktion in eine Stabs- oder Linienfunktion übergeleitet werden sollte.

Hierzu Negativbeispiele aus der Praxis:

Der Vorstandsvorsitzende einer mittleren Sparkasse beauftragte sein Vorstandssekretariat, eine strategische Planung einzuführen. Der Leiter des Sekretariats untersteht als Abteilungsleiter dem Vorstandsvorsitzen-

den. Folgende Funktionen wurden von dieser Organisationseinheit, unterteilt in Fachreferate, bisher wahrgenommen:
- Rechts- und Verbandsfragen, Betreuung der Sparkassenorgane,
- Volkswirtschaft und Öffentlichkeitsarbeit,
- Marketing.

Neben diesen Stabsaufgaben sollte die strategische Planung eingeführt werden. Gemessen wurde der Leiter nicht an den Fortschritten, die der Planungsprozeß machte, sondern an der Korrektheit und Pünktlichkeit der Vorstands- und Verwaltungsratssitzungsprotokolle, an der Publikumswirksamkeit der Vorstandsreden bei öffentllichen Anlässen und an der Anzahl der redaktionellen Beiträge in regionalen Zeitungen.

Jeder Leiter eines Vorstandssekretariats wird sich in dieser Situation ganz auf die zuletzt beschriebenen Aufgaben konzentrieren und gelegentlich gegenüber seinem Vorstand wegen Überlastung als Entschuldigung für die ausstehende „Langfristplanung" stöhnen. So auch dieser Leiter. Wie der Name schon sagt, hat „Langfristplanung" – gemeint war hier „strategische Planung" – auch lange Zeit. Denn bekanntlich wird immer das Dringende vor dem Wichtigen in Angriff genommen. Noch heute hat dieses Institut, außer ein paar Prognosen über 48 Monate, keinen strategischen Plan.

Langfristplanung verliert sich manchmal in der Weite

Oder:

Ein großes Retailbanking-Institut aus Österreich rief eine Abteilung mit sechs hochkarätigen Akademikern ins Leben, die eine strategische Planung auf völlig „neue Beine" stellen sollten. Aus „Überlastungsgründen" konnte der Vorstandsvorsitzende die Personalverantwortung gegenüber dem Abteilungsleiter „Planung" nicht übernehmen. Daher wurde dieser dem Vorstand Nummer zwei – die Rangordnung ist in Österreich sehr wichtig und daher genau geregelt – unterstellt.

Die Konsequenz daraus: Abgesehen von virulenten Konflikten, die aus der Nichtakzeptanz des Abteilungsleiters durch seine hochqualifizierten Mitarbeiter resultierten, fand diese Abteilung auch nicht die erforderliche Akzeptanz bei den „gestandenen" Linienvorgesetzten der Fachabteilungen. Schon allein die Tatsache, daß die Planungsabteilung „nur" zum zweiten Vorstand ressortierte, wurde von vielen Führungskräften als Zeichen für geringe Bedeutung im Unternehmen interpretiert. Die Planungsergebnisse blieben auf dem Papier. Der Vorstand, allen voran der Vorstandsvorsitzende, kümmerte sich bei seinen Tagesentscheidungen kaum um die Ergebnisse der strategischen Planung.

Fazit: Eine Planungsabteilung garantiert noch keinen strategischen Planungsprozeß.

In vielen Kreditinstituten laufen mehrere Planungsprozesse nebeneinander her. Eine Vielzahl von Einzelplanungen macht noch keine strategische Planung. Die Betrauung einer Stabsabteilung mit der Koordinierung des Planungsprozesses stellt keine hinreichende Bedingung für die Wirksamkeit eines Planungsprozesses dar.

Die Nachteile aus einer Etablierung der strategischen Planung als Stab- oder Linienabteilung sind:

1. In der Regel werden einer solchen Orgnisationseinheit nicht ausreichende personelle Ressourcen, weder quantitativ noch qualitativ zugestanden, um einen, alle Unternehmensbereiche beeinflussenden Prozeß sicherzustellen:

2. Für den strategischen Planer ergibt sich ein Dienstweg- und Einflußproblem, wenn er nicht direkt dem Vorstand unterstellt ist.

3. Es existiert kein institutionalisierter Entscheidungsprozeß, der in seinem Zeitablauf verbindlich fixiert ist, sondern oft über Einreichung von Vorstands-Beschlußvorlagen erfolgt.
4. Oftmals erfolgt der Entscheidungsprozeß sequentiell: Die Vorlage wird von Vorstand zu Vorstand weitergereicht; der Gesamtvorstand nimmt selten geschlossen Stellung.
5. In der Regel werden nur Teilgebiete geplant.
6. Die Auswirkung auf andere Geschäfte/Abteilungen/Bereiche wird nur gering berücksichtigt.
7. Die Planung kann vom Gesamtvorstand nicht als Führungs- und Motivationsinstrument eingesetzt werden.
8. Die anderen Bereichs- und Abteilungsleiter sind über Stäbe nur schwer zur aktiven Mitwirkung zu motivieren.
9 Und zu guter Letzt: die Planung hat nur geringe Effizienz, aber sie beruhigt das Vorstandsgewissen.

Neben den Nachteilen gibt es aber auch einen Vorteil: kurzfristig fallen nur geringe Kosten an.

Positive Beispiele aus der Praxis:

Eine im gesamten österreichischen Bundesgebiet agierende Bank mit dichtem Filialnetz widmet sich der mittelständischen Firmenkundschaft und den gehobenen Privaten. Diese Bank führt eine strategische Planung als Task-force ein. Ein Planungsteam wird gegründet aus folgenden Vertretern:

- ein stellvertretender Abteilungsleiter des Firmenkundengeschäfts,
- ein Hauptgeschäftsstellenleiter,
- ein Leiter Budgetierung und Kostensteuerung,
- ein stellvertretender Abteilungsleiter Organisation,
- ein Mitarbeiter Vorstandssekretariat,
- zwei externe Berater.

Bekanntlich sind kompetente Mitarbeiter mit langjähriger Erfahrung und hoher Akzeptanz beim Management und den Mitarbeitern auch in großen

Unterehmen rar und schwer aus ihrer eigentlichen Hauptaufgabe loszueisen. Deshalb haben wir versucht, Führungskräfte in dieses Projekte zu kooptieren, die vor einem Karrieresprung stehen. Erstens, weil man ohnehin früher oder später mit ihrem Abwandern in ein anderes Aufgabengebiet rechnet; zweitens, weil die Tätigkeit im strategischen Planungsteam eine hervorragende Fort- und Weiterbildungschance ist. Hier gewinnen sie Einsicht in das gesamte Unternehmensgeschehen.

Eine wichtige Voraussetzung für ein gutes Arbeitsklima und hohe Effizienz war die Schaffung eines hierarchiefreien Raumes für dieses Planungsteam, da es in der Ausgangssituation drei unterschiedliche Hierarchieebnen gab. Gruppendynamische Teamtrainings, periodische Feedback-Sitzungen, fallweiser Einsatz von Verhaltenstrainern führten zu

- hoher Streßstabilität des Teams,
- zu einer enormen Steigerung der Fach-, Methoden- und sozialen Kompetenz der Teammitglieder und schließlich
- zu einer enormen Effizienz und Durchschlagskraft im Gesamtinstitut, so daß die Planungsergebnisse zu einem überdurchschnittlichen hohen Grad verwirklicht wurden.

Oder:

In einem norddeutschen Regionalinstitut mit etwa 1 000 Mitarbeitern und 150 Geschäftsstellen ließen es sich die Hauptabteilungsleiter der Bereiche Controlling, Personal, Marketing und zwei regionale Marktbereichsleiter nicht nehmen, sich zusammen mit zwei Beratern durch alle Schritte der strategischen Planung zu „beißen". Zwei bis drei Arbeitstage pro Woche widmeten sie sich dem Projekt. Außerhalb der Projekttage wurden Aufträge an Mitarbeiter aus den eigenen Bereichen erteilt, so daß wir inhaltlich rasch voranschritten.

Harte Arbeit gab es auch für die Berater, die anfangs eminente Konflikte im Bereich der Werthaltungen sowie bezüglich sehr subjektiver Vorstellungen über die Ist-Situation in den unterschiedlichen Unternehmensbereichen zu moderieren hatten. Nach Bearbeitung dieser Vorannahmen bei der Formulierung des Leitbildes war der „Bann gebrochen" und die Arbeit ging zügig und effizient voran. Der Realisierungsgrad des strategischen Konzeptes war auch hier sehr hoch.

Unsere Lehren daraus:
Je mehr Fachkompetenz, formelle Hierarchie und informelle Autorität die Planungsteammitglieder in das Team einbringen, desto schwieriger ist es, zum Konsens in der Planungsarbeit zu gelangen. Hat man diesen erreicht, so ist es mit einem hochkarätigen Planungsteam leichter, die Ergebnisse der strategischen Planung im gesamten Unternehmen umzusetzen.

Folgende Maximen bei der *Organisation der strategischen Planung und deren Entscheidungsprozessen* sollten unserer Meinung nach beachtet werden:

1. Der Vorstandsvorsitzende sollte die Verantwortung für den Prozeß der strategischen Planung nicht delegieren.

2. Der Vorstandsvorsitzende kann höchstens die Funktion der administrativen und methodischen Koordination an eine zentrale Planungsabteilung delegieren, die ihn in Fragen der Metaplanung und der Prozeßsteuerung berät.

3. So dezentral wie möglich, so zentral wie nötig.

4. Entscheidungen sollen vom Konsens aller Vorstandsmitglieder und der realisierungsverantwortlichen Manager getragen sein. Ein ungeduldiges „Drüberfahren" rächt sich spätestens bei der Realisierung.

5. Die leitenden Manager arbeiten als Führungsverantwortliche am einheitlichen Planungsprozeß mit. Sie sind Mitglieder der regelmäßig tagenden und institutionalisierten Entscheidungsgruppe bzw. der Beratungsgruppe, die Empfehlungen formulieren kann (mehrstufiger Entscheidungsprozeß).

6. Sind dezentrale Planungsstäbe vorhanden, so übernehmen sie Funktionen der Entscheidungsvorbereitung.

7. Eine zentrale Planungskoordination hat keine inhaltlichen Entscheidungskompetenzen.

8. Prinzip der Informationsoffenheit: Nur, wenn die Planungsgruppen bereit sind, Informationen zu geben, werden sie auch die „richtigen" erhalten.

9. Eine Trennung von
   – Informationsgewinnungsphase,
   – Alternativenbildungsphase und
   – Entscheidungsphase

ist eine Fiktion. Deshalb sollte man im strategischen Planungsprozeß die Entscheidungsträger in die wichtigen Phasen des Prozesses voll einbinden.

Beratungsgruppe	Planungsteam	Entscheidungsgruppe
• Fachberatendes Mitwirken • Kontrolle zur Vermeidung von Teillösungen • Realisierung sicherstellen	• Ingangsetzen • Inganghalten • Koordinieren des Planungsprozesses	• Entscheiden über Umfang und Zeitplan des Projektvorhabens • Planungsorganisation und -vorgehen • Planungsergebnisse • Kontrolle der Realisierung

Abbildung 3: Die Planungsinstanzen

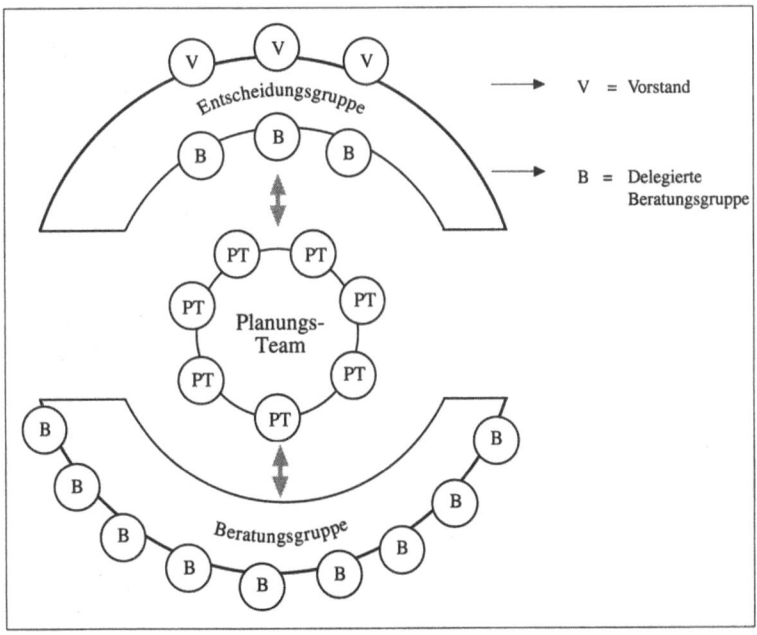

Abbildung 4: Mitglieder der Entscheidungsgruppe

wann	was	Dauer	wer
10.00	Begrüßung Planungsteam	15	Externer, Auftraggeber
10.15	Vorstellung congena	15	Externer
10.30	Kennenlernen: „Wir kommen miteinander ins Gespräch"	35	Externer
11.05	Rahmenbedingungen im Projekt: Planungsteam, Entscheidungsgruppe, Spielregeln	15	Externer
11.20	Projektablauf vorstellen: Entscheidungsprozesse, Leitbild, Planfeldsystematik, Umfeldanalyse, Unternehmensanalyse, strategische Langfristplanung	60	Externer
12.20	Terminplan abklären	10	Externer
12.30	Vorbereitung Präsentation Entscheidungsgruppe	30	Externer mit Planungsteam
13.00-13.45	Mittagspause	45	
13.45	Vorbereitung Präsentation Entscheidungsgruppe	15	Externer mit Planungsteam
14.00	Präsentation Entscheidungsgruppe: Vorstellen congena Präsentation Projektablauf + Terminplan	75	Externer mit Planungsteam
15.15	Pause	15	
15.30	hemmende/fördernde Faktoren des Projektes	30	Plenum
16.00	Projekterfolgseinschätzung	15	Plenum

Abbildung 5: Der erste Tag im Projekt
(Beispiel)

Kapitel 3

Das Unternehmensleitbild:
Die „mission" und
strategische Erfolgsfaktoren

Das Unternehmensleitbild: Die „mission" und strategische Erfolgsfaktoren

Unter Unternehmensleitbild verstehen wir die Beschreibung des Selbstverständnisses eines Unternehmens aus der Sicht der Entscheidungsträger. Darin wird die Rolle definiert, die das Institut in der Gesellschaft und in der Wirtschaft spielt bzw. langfristig spielen möchte. Es handelt sich um normative Ansprüche des Managements. Manche Autoren differenzieren zwischen Leitbild als Summe der bewußten Willensäußerungen des Managements und der Unternehmensidentität, die oft aus unbewußten Werten und Normen bestehen und das Unternehmensgeschehen beeinflussen. Letzteres bezeichnen wir als die Unternehmenskultur.

Das Leitbild einer Bank umfaßt folgende drei Teile:

- Die „*mission*": Sie soll möglichst abstrakt beschreiben, worin die eigentliche Marktleistung des Unternehmens besteht.
- Das *anzustrebende Verhältnis zu den „Bezugsbereichen"*, zum Beispiel zu
  - Abnehmern der Leistung,
  - Eigentümern,
  - Mitarbeitern,
  - zur Öffentlichkeit,
  - zum Wettbewerb, zur Konkurrenz,
  - zur öffentlichen Hand sowie
  - Grundeinstellungen zu Umwelt und Technik.
- Der dritte Teil des Leitbildes sind die *Erfolgsfaktoren der Zukunft*. Sie beschreiben, welche Faktoren in Zukunft Träger für die positive Entwicklung des Unternehmens sein sollen.

3.1 Das Verhältnis zu den Bezugsbereichen

Die Unternehmensidentität, oder neudeutsch Corporate Identity oder kurz „CI", ist unter anderem das Resultat normativer Beschreibungen des

Verhältnisses zu bestimmten Bereichen innerhalb und außerhalb des Unternehmens, mit denen es sich außeinanderzusetzen hat. Diese Bereiche nennen wir *Bezugsbereiche*. Im Davoser Manifest des Jahres 1974 haben etwa 400 Top-Manager aus der Europäischen Wirtschaft herausgearbeitet, daß jedes Unternehmen sich zumindest mit vier Bereichen auseinanderzusetzen hat, die zueinander im Konflikt stehen. Diese sind:

- die Kunden, als Abnehmer der Unternehmensleistung,
- die Eigentümer, als Bezieher der Gewinne,
- die Mitarbeiter, als Bezieher der Löhne und
- die Öffentlichkeit als Zur-Verfügung-Steller der natürlichen Ressourcen und als Empfänger der dafür erforderlichen Mittel.

Aufgabe jedes Managements ist es, diese grundsätzlich konfligierenden Bereiche im Wirkungsbereich des Unternehmens aufeinander abzustimmen und zu beeinflussen. Gerade die grundsätzliche Einstellung zu diesen Bereichen, ihre Prioritäten aus der Sicht der Entscheidungsträger sollten in einem Leitbild deutlich werden und ergeben die Persönlichkeit des Unternehmens.

Vor dem Verhältnis zu den Bezugsbereichen steht in einem Leitbild die sogenannte „mission".

3.2 Die Formulierung der „mission"

Bei der Formulierung der *„mission"* ist es sinnvoll, sich als Entscheidungsträger einer Bank die Frage zu stellen: Was macht eigentlich das Institut? Was ist seine besondere, unverwechselbare Leistung für die Menschen, für die Wirtschaft, für welche Menschen, für welche Wirtschaft?

Wenn sie eine Antwort finden, sollten sie nachfragen, ob es notwendig wäre, dieses Institut zu gründen, wenn es dieses noch nicht gäbe.

Gerade bei Kreditinstituten ist es sinnvoll, sich den Gründungsgedanken in Erinnerung zu rufen und sich die Frage zu stellen: Ist dieser heute noch aktuell und wird er morgen noch Gültigkeit haben?

Wenn nicht, ist zu überlegen, wie der Gründungsgedanke abstrahiert bzw. transponiert werden müßte, um auch für die langfristige Zukunft Sinn und Geltung zu haben.

Einige Sektoren, wie zum Beispiel die Genossenschaftsbanken mit dem „Förderauftrag", die Sparkassen mit dem jahrzehntelang diskutierten „öffentlichen Auftrag", verfügen über Leitbilder. Manche Vorstände fragen sich, ob dann überhaupt ein eigenes Leitbild für das Institut notwendig wäre. Sie verweisen auf den § 1 des Aktiengesetzes, „wo doch alles drinnen stünde, was man als Grundlage für die Strategieentwicklung brauche".

Unsere Antwort lautet: Jawohl, es ist notwendig! Denn zum einen sind die darin enthaltenen Aussagen meist zu global oder unvollständig als Grundlage für den Planungsprozeß. Zum anderen könnte sich aus der speziellen Situation des Institutes in seinem regionalen Markt ein andere Rolle entwickelt haben, die ihm eine unverwechselbare Funktion und damit einen Wettbewerbsvorteil ermöglichen. In diesem Fall müßten Modifikationen, Ergänzungen und andere Schwerpunktsetzungen im Leitbild gegenüber den sektoreinheitlichen Grundsatzaussagen gemacht werden. Selbst wenn die Sektoraussagen in Umfang, Detail und Aktualität den Erfordernissen eines Unternehmensleitbildes genügten, wäre die Überprüfung und Vergegenwärtigung eine wichtige Phase für den strategischen Planungsprozeß.

Eine weitere Hilfestellung bei der Formulierung der „mission" ist folgender Gedankenraster, der die Planer dabei unterstützt, einen marketingorientierten oder produktorientierten Ansatz zu verfolgen.

Ausgangspunkt aller grundsätzlichen Überlegungen und Denkhaltungen sind bestimmte **Bedürfnissituationen und Problembereiche,** derer wir uns als Institut besonders annehmen wollen.	Ausgangspunkt aller grundsätzlichen Überlegungen und Denkhaltungen sind bestimmte **Bevölkerungs- bzw. Wirtschaftsgruppen,** derer wir uns als Institut besonders annehmen wollen.
Ausgangspunkt aller grundsätzlichen Überlegungen und Denkhaltungen sind bestimmte **Leistungen und Produkte,** derer wir uns als Institut besonders annehmen wollen.	Ausgangspunkt aller grundsätzlichen Überlegungen und Denkhaltungen sind bestimmte **Verfahren und Leistungsprozesse,** derer wir uns als Institut besonders annehmen wollen.

Abbildung 6: Gedankenraster für den Planer

Je nachdem, von welchem Quadranten aus wir in der Strategischen Planung bzw. in der Formulierung der „mission" ausgehen, gelangen wir zu einem bedürfnis-, also mehr marketingorientierten oder mehr produktorientierten Ansatz der Leitbildformulierung.

Hier hat im letzten Jahrzehnt ein Umdenken stattgefunden. Führte bis dahin die unumschränkte und oft falsch verstandene Bedürfnisorientierung im Bankensektor zu einem Wildwuchs an Diversifizierungen und bedenkenlosen Erweiterungen der Produktpaletten, besann man sich als Folge des Kosten- und Risikodenkens wieder auf Kernkompetenzen, was wieder zu einer Respezialisierung führte, die in Deutschland zur Zeit voll im Gange ist.

Aus einer weiteren Matrix kann bei der Formulierung der „mission" die Erkenntnis gezogen werden, ob man sich

- als Spezialinstitut für ein ausgewähltes Produkt und eine bestimmte Zielgruppe oder
- als Full-service-Institut für eine ausgewählte Zielgruppe oder
- als Spezialproduktbank mit einem ausgewählten Produkt für alle Zielgruppen oder
- als Universalbank mit allen Produkten für alle Zielgruppen verstehen will. Der Begriff „Universalbank" allein ist oft irreführend.

Produkte \ Zielgruppen	ausgewählte	alle
ausgewählte	Autokreditbank	Wertpapier Diskonter
alle	Deutsche Apotheker- und Ärztebank	Großbanken

Abbildung 7: Die Mission-Matrix

In einer Leitbildformulierung einer der größten deutschen Sparkassen ergab sich die Frage, ob man sich aufgrund seiner Leistungsstärke und seines Geschäftsumfanges hin zu einer Universalbank entwickeln oder ob man den Charakter der Sparkasse beibehalten und vertiefen sollte. In der letztgenannten Alternative bot sich die Chance, durch eine institutsspezifische Weiterentwicklung des Sparkassen-Gründungsgedankens eine Profilierung gegenüber dem Wettbewerb zu etablieren.

Die nachfolgende Darstellungen zeigen 4 Alternativen, die dem Institut zur Auswahl standen.

		Charakter	
		Ⓐ Bank	Ⓑ Sparkasse
Orientierung	① Zielgruppe Produkte	A 1	B 1
	② Bedürfnis	A 2	B 2

Abbildung 8: Alternativen zur „mission" einer Großsparkasse

Schwerpunktaussagen zur „mission" A 1

- Wir sind eine Bank mit den Zielgruppen Schwerpunkt Mittelstand und vermögende Privatkunden.
- Wir richten unser Leistungsangebot auf die Schwerpunkt-Zielgruppen aus.
- Die Schwerpunktsetzung erfolgt unter dem Gesichtspunkt, daß hier das größte Ertragspotential zu erwarten ist.
- Um unsere Finanzkraft zu stärken, führen wir Eigenkapital von außen zu.
- Wir haben keinerlei gesellschaftspolitische Verpflichtung, da wir nur im Wettbewerb bestehen können, wenn wir unser Geschäft streng unter Kosten- und Erlösgesichtspunkten betreiben.

Schwerpunktaussagen zur „mission" A 2

- Wir sind eine Bank, die grundsätzlich alle Leistungen anbietet.
- Wir investieren dort Kapital, wo überdurchschnittliche Erträge erwirtschaftet werden können.
- Um unsere Bedeutung am Markt zu festigen und das erforderliche Wachstum zu ermöglichen, beschaffen wir uns auch das Eigenkapital in beliebigem Ausmaß von außen.
- Durch intensive Marktforschung sind wir dauernd auf der Suche nach neuen Ertragsquellen.
- Wir schöpfen zu diesem Zweck die rechtlichen, finanziellen und technischen Möglichkeiten voll aus.
- Der öffentliche Auftrag wird erfüllt, um dem Gesetz genüge zu tun. Dort, wo er Wettbewerbsvorteile bringt, setzen wir ihn als Differenzierungsstrategie ein.

Schwerpunktaussagen zur „mission" B 1

- Schwerpunkt unseres Selbstverständnisses vom öffentlichen Auftrag ist die Sicherung des Wettbewerbs und die Versorgung aller Bevölkerungs- und Wirtschaftskreise mit Bankleistungen.

- Wir verstehen uns als Allfinanz-Dienstleister für den Mittelstand sowohl im Privat- als auch Firmenkundenbereich.

- Die mittleren Segmente bevorzugen wir aus langfristigen Gesichtspunkten, um auf dem Markt gegenüber unserem Wettbewerb zu reüssieren.

- Unsere Verantwortung gegenüber der Region setzen wir als Profilierungsmöglichkeit im Wettbewerb ein. Im Rahmen unserer regionalen und Kundengruppen-Schwerpunkte suchen wir systematisch nach Ertragsquellen. Dabei decken wir die Bedürfnisse unserer Schwerpunktzielgruppen besser als der Wettbewerb ab.

Schwerpunktaussagen zur „mission" B 2

- Wir sind eine Sparkasse, die zwar ihre Wurzeln im seinerzeitigen Gründungsauftrag hat, ihn aber für die langfristige Zukunft neu interpretiert.

- Wir waren und sind die Instanz für die privaten Haushalte, weil wir keinem Kapitalgeber verpflichtet sind.

- Was andere Institute suchen, haben wir authentisch: Soziale Verantwortung. Wir brauchen kein „Band der Sympathie" zu erfinden.

- Dort, wo die Leistungen derzeit nicht ertragbringend vermarktet werden können, ist es unsere Aufgabe, das Rationalisierungspotential maximal auszuschöpfen. Ziel ist, Kundensegmente langfristig ertragbringend zu betreuen.

- Weil wir uns durch Aufnahme von Eigenkapital von außen nicht abhängig machen wollen, ist der Druck zur Rationalisierung im Innenbereich stärker als bei anderen Institutsgruppen.

Die Entscheidungsträger der ersten und ausgewählte Vertreter der zweiten und dritten Führungsebene entschieden sich in zwei Klausuren für die Weiterentwicklung des Sparkassencharakters.

Eine weitblickende Entscheidung aus unserer Sicht. Denn gerade in der Formulierung der „mission" werfen Institute oft etwas über Bord, was andere Institute und Sektoren suchen: das herausragende Profil in Form glaubwürdiger Aussagen als Unterscheidungsmerkmal zu anderen Instituten und Sektoren. So suchen deutsche aber auch österreichische und schweizerische Großbanken eine Ideologie, um sich von den Wettbewerbern abzuheben. Und Sparkassen und Genossenschaftsbanken entdecken als einzig wegweisendes Prinzip das der Gewinnmaximierung. Die Tendenz in den Vertriebsapparaten der deutschen Sparkassen – weg von flächendeckender geldwirtschaftlicher Versorgung, hin zum abgestuften Leistungsangebot pro Zielgruppe – ist eine mit dem Sparkassenprinzip nicht leicht zu vereinbarende Strategie, aber aus Rentabilitätsgründen ein Gebot der Stunde.

Dem gegenüber steht das Beispiel einer deutschen Großbank: Um Sympathie und Kundenbindung in der Öffentlichkeit zu erzeugen und sich gegenüber den schärfsten Konkurrenten zu profilieren, formuliert sie in ihrem Leitbild soziale Verantwortung. Sie übernimmt freiwillig Verantwortung für das ökologische Gleichgewicht auf der Erde, für die lebenslange Entwicklung ihrer Mitarbeiter und deren Arbeitsplätze, obwohl sie eigentlich vom Gesetz und von ihrer Gründung her nur einem gegenüber verpflichtet wäre: ihrem Aktionär.

Erfolgreiche, um nicht zu sagen übermütige Genossenschaftsbanken wieder versuchen, die vermeintlichen Fesseln ihres Förderauftrages abzulegen, um sich dem rein betriebswirtschaftlichen Prinzip der Deckungsbeitragserzielung zu verschreiben, und koste es was es wolle; nämlich langfristig das unverwechselbare Profil in der Bankenlandschaft.

Um Mißverständnissen des Lesers vorzubeugen: Wir meinen nicht, daß Gewinnwirtschaftung für Sparkassen und Genossenschaftsbanken nicht notwendig wäre. Nein! Ist diese doch gerade für Sparkassen die Hauptquelle ihrer Eigenkapitalbildung. Doch sollte sie nur als strenge Nebenbedingung im mathematischen Sinn bzw. als Mindestvoraussetzung für ihre Existenzsicherung begriffen werden. Gewinnwirtschaftung sollte bei diesen Institutsgruppen Mittel- und nicht Zielcharakter haben. Im Unterschied dazu ist bei den meisten Großbanken die Dividendenausschüttung für die Aktionäre und bei den meisten Privatbanken der Gewinn nach Steuern Hauptziel ihrer Geschäftstätigkeit, an dem sie auch gemessen werden.

3.3 Die Definition der strategischen Erfolgsfaktoren

Der dritte Teil eines Leitbildes behandelt die *strategischen Erfolgsfaktoren*, die es langfristig aufzubauen, zu pflegen und zu nutzen gilt.

Zahlreiche Untersuchungen im letzten Jahrzehnt haben ergeben, daß Unternehmen unterschiedlich erfolgreich sind, je nachdem welche Grundorientierung sie haben.

Die folgende Aufzählung ist das Ergebnis einer Untersuchung der Industrie-Kreditbank Düsseldorf, wonach sich die Erfolgsfaktoren deutscher Klein- und Mittelbetriebe aus folgenden Merkmalen zusammensetzen:

- Breite Programmpalette,
- hoher Vertriebsaufwand,
- Produktinnovation,
- Produktqualität und
- Kostenmanagement.

Die „Theory Z" von Ouchi streicht aufgrund von Untersuchungen bei japanischen Unternehmen folgende „weiche Phänomene" als Erfolgsfaktoren heraus:

- Ziel- und Entscheidungsfindung durch Konsensbildung,
- Organisation ad personam,
- soziale Verantwortung gegenüber Mitarbeitern, insbesondere lebenslange Anstellung,
- Generalisten statt Spezialisten in Führungspositionen,
- Rotation der Mitarbeiter über unterschiedlichste Funtkionsbereiche.

Der schweizer Autor Cuno Pümpin arbeitet in seinen Untersuchungen bei schweizerischen und deutschen Unternehmen folgende Erfolgsfaktoren heraus:

- Qualitätsorientierung,
- Verkaufsorientierung,
- Technologieorientierung und
- Kosten- bzw. Gewinnorientierung.

Interessanterweise stellt er eine Reihenfolge bei der Wirksamkeit dieser Faktoren fest, und zwar von oben nach unten.

Wir haben in unseren strategischen Planungsprojekten bei deutschen und österreichischen Banken und Sparkassen im übertragenen Sinn viele der oben erwähnten, aber darüber hinaus auch noch weitere Faktoren analysiert, die den Erfolg des jeweiligen Instituts ausmachen. Hier die Liste unserer Erfahrungen:

Erfolgsfaktoren der Zukunft

Welche Faktoren sollen in Zukunft Träger für die positive Entwicklung des Unternehmens sein?

Die Erfolgsfaktoren im einzelnen:

- stets hohe Marktanteile
- stets gute Ertragslage
- Erkennung neuer Marktbedürfnisse
- gut funktionierendes Vertriebsnetz
- intensive Verkaufstätigkeit
- hohes Engagement der Mitarbeiter
- hohe fachliche Qualifikation der Mitarbeiter
- hochwertiges Produkt
- umfassendes Produktsortiment
- regemäßige Entwicklung neuer Produkte
- hervorragendes Know-how in der Administration
- erfolgreiches Kostenmanagement

- hoch entwickelte Technologie
- hochtechnisierte rationelle Produktion
- permanente Sicherung der Kapazitätsauslastung
- gezielte Auswahl/Betreuung von Kundengruppen
- konsequente Ausrichtung auf die Bedürfnisse bestimmter Kundengruppen
- weltweite Aktivitäten
- hohe Qualität und Zuverlässigkeit des Produktes
- Ziel- und Entscheidungsfindung durch Konsensbildung
- Organisation ad personam
- soziale Verantwortung gegenüber Mitarbeitern
- Generalisten statt Spezialisten in Führungspositionen

Aufgabe bei der Erarbeitung des dritten Teils des Leitbildes ist es nun, die wichtigsten drei Erfolgsfaktoren des Unternehmens zu finden. Zunächst soll ein Blick in die Vergangenheit die Erfolgsfaktoren erkennen helfen. Dann stellt sich die Frage, ob diese Faktoren auch in Zukunft wirken sollten oder ob andere die Zukunft des Institutes entscheidend prägen werden. Die Konzentration auf maximal drei Faktoren, die in Zukunft erhalten oder aufgebaut, gepflegt und genutzt werden sollten, sorgt für Bündelung und Mobilisierung aller Kräfte zur erfolgreichen Entwicklung.

Mit diesem dritten Teil ist zunächst die Erarbeitung des Unternehmensleitbildes abgeschlossen.

3.4 Gestaltungskriterien und beachtenswerte Faktoren bei der Leitbilderarbeitung

Folgende Gesichtspunkte sind hinsichtlich des Leitbildes als erster inhaltlicher Baustein im Planungsablauf wichtig:

Der *Prozeß der Leitbilderarbeitung* ist wichtiger als das Ergebnis, dessen Formulierung und Gestaltung.

Umfang und Detaillierungsgrad sind immer wieder Gegenstand heftiger Diskussionen unter Theoretikern und Praktikern und unterliegen auch Modeschwankungen in der Organisationsentwicklungstheorie und -praxis. Thomas I. Watsons Unternehmensphilosophie für die IBM umfaßte noch 38 Seiten. Er schrieb als Präsident der Corporation:

„Ich glaube, daß jede Organisation, um zu überleben und Erfolg zu erzielen, in vieler Hinsicht feste Grundsätze haben muß, auf die sie ihre Politik und ihr Handeln begründet. Ich glaube weiter, daß der bedeutendste Faktor für den Erfolg eines Unternehmens die Konsequenz ist, mit der es diesen Prinzipien entsprechend handelt...Die grundlegende Philosophie, der Geist und der Schwung einer Organisation sind bei weitem bestimmender für ihren relativen Erfolg als technologische und wirtschaftliche Kräfte, Organisationsstruktur, Neuerungen und Zeitwahl. Alle sind nach meiner Ansicht überlagert von der Stärke und Überzeugung, mit der die Menschen in der Organisation an deren Grundsätze glauben, und der Gewissenhaftigkeit, mit der sie nach ihnen handeln."

Das andere Extrem in puncto Umfang eines Leitbildes stellt jenes der Deutschen Bank oder der Lufthansa dar, das jeweils aus einer Handvoll plakativer Sätze besteht.

Aus unserer Projekterfahrung haben wir gelernt, daß zu den dargelegten drei Teilen eines Leitbildes mit den dazugehörigenUnterpunkten eindeutige Aussagen zu formulieren sind, um im Planungsverlauf eine ausreichende Grundlage zu haben. In welchem Umfang die Inhalte an die Mitarbeiter, Kunden und die relevante Öffentlichkeit vermittelt werden, ist eine Frage des Kommunikationsstils und gehört in das Fach von Kommunikationsexperten und Werbetextern. Vorteil knackiger Kernsätze ist die einprägsame Übermittelbarkeit; der Nachteil die unterschiedliche Interpretierbarkeit und Vieldeutigkeit.

Mit welchem *Zeithorizont* und mit welcher *Gültigkeitsdauer* sollte ein Leitbild erstellt werden? In unsere Praxis hat sich ein Zeithorizont etwa von fünf Jahren als zweckdienlich erwiesen. Alle zwei Jahre sollte überprüft werden, ob das Unternehmensgeschehen mit den normativen Aussagen im Leitbild übereinstimmt. Wenn nicht, sind die Entscheidungsträger bzw. handelnden Personen auf das Leitbild hinzuweisen, mit der Aufforderung, danach zu handeln oder das Leitbild aus Gründen nachhaltig geänderter Umfeldentwicklungen der neuen Situation anzupassen. Sinnlos wäre es, das Leitbild jährlich zu ändern. Damit verliert es die Hauptfunktion als Orientierungslinie.

Sobald das Leitbild erarbeitet und durch die Ergebnisse der Unternehmensanalyse und Umfeldanalyse erhärtet wurde, ist die Frage der *Übermittlung an die Mitarbeiter* zu klären.

Hier gilt, daß allein eine Hochglanzbroschüre noch keine Identifikation ermöglicht. Die Führungskräfte haben im Vermittlungsprozeß eine entscheidende Rolle. Die Planungsverantwortlichen können zwar dabei Unterstützung leisten und auf die einheitliche Interpretation der Inhalte achten, die Überzeugungsarbeit müssen aber die Führungskräfte gegenüber den ihnen direkt zugeordneten Mitarbeitern leisten. Je nach Größe des Institutes kann ein solcher Prozeß in die Tiefe mehrere Monate dauern. Kreativität sollte man auch in eine Rückkoppelung der Vermittlungsergebnisse investieren. Wichtig ist zu überprüfen, was „unten" angekommen ist. Nur so kann man bei der weiteren Planungsarbeit davon ausgehen, daß die Mitarbeiter alle die gleichen unternehmensideologischen Voraussetzungen mitbringen.

3.5 Einsatzmöglichkeiten des Leitbildes

1. Um den Sinn der Tätigkeit und Funktion des Institutes zunächst in Frage zu stellen, zu überdenken und dann gegebenenfalls zu aktualisieren sowie für die Zukunft zu begründen.
2. Um die „Persönlichkeit" des Unternehmens zu erkennen und darzustellen. Genauso wie man eine menschliche Persönlichkeit an ihren Werten und Zielen erkennt, sollte man auch ein Unternehmen – als Summe von handelnden Persönlichkeiten – an dessen Werthaltungen und Zielvorstellungen erkennen können.

3. Es zwingt die Entscheidungsträger, oft unausgesprochene Wertkonflikte auf den Tisch zu legen und im Sinne des synoptischen Planungsansatzes zu bearbeiten.
4. Es macht insbesondere für die Mitarbeiter die Werthaltungen der Entscheidungsträger transparent und ermöglicht Selbststeuerung dort, wo explizite Aussagen bzw. Regelungen fehlen.
5. Die Transparenz der Werte und Ziele des Unternehmens ermöglicht den Mitarbeitern, sich mit dem Unternehmen zu identifizieren und bedeutet erhöhte Motivation.
6. Für die ‚Bezugsbereiche", mit denen das Unternehmen in Kontakt tritt, wie zum Beispiel Kunden, Öffentlichkeit, Eigentümer, ist es wichtig, das Selbstverständnis des Unternehmens zu erfahren. Daher sollte dieses zumindest an die genannten Bezugsbereiche kommuniziert werden.

Die Außendarstellung in Form des gewünschten Image sollte aber nicht der einzige und ausschlaggebende Grund für die Formulierung eines Leitbildes sein. Vielmehr sollte der Hauptzweck die Erarbeitung einer wichtigen Grundlegung für die strategische Planung sein. Das heißt, das Leitbild steckt den Rahmen für die Umfeldanalyse zu ab und liefert die Maßstäbe für die Unternehmensanalyse und die Bewertung der Stärken und Schwächen des Institutes.

Vereinzelt taucht noch immer bei den Praktikern unter den Entscheidungsträgern die Frage auf: Was hat das Leitbild am Anfang eines Planungsprozesses verloren? Ist nicht das Leitbild Ergebnis des Planungsprozesses und nicht der Start? Wir führten darüber zeitraubende, aber fruchtbringende Diskussionen mit Vorständen und Planern, mit Praktikern und Wissenschaftlern. Denn bis in die späten 70er hatte der von amerikanischen Organisationsentwicklern, wie Gordon Lippitt, gehandhabte Ansatz, genauso wie der von technokratischen Planern der US-Strategieberater als Ausgangspunkt jeder planerischen Aktivitäten das Erheben von Ist-Daten gepredigt.

Die Frage, die sich stellt: Wie bewerten wir die Ist-Situation? Woran messen wir, ob es sich um eine Stärke oder Schwäche handelt. Am Wettbewerb? Nur dann, wenn dieser dasselbe Selbstverständnis hat wie wir.

Ein Mensch mit einem Beingebrechen wird sein Gebrechen unterschiedlich beurteilen, je nachdem ob sein Leitbild das des Weltmeisters des

Jahres 2010 in 110 Meter Hürden oder im Schachspiel ist. Genauso wird er persönliche Vorzüge im Lichte seines Selbstverständnisses bewerten.

Einige Jahre hindurch wurden die Vokabeln Corporate Identity und Leitbild durch „Vision" ersetzt. Wieder waren es amerikanische Autoren, die dieses Schlagwort prägten. Der österreichische Bundeskanzler Vranitzky bemerkte in einem seiner Fernsehinterviews: „Wenn jemand Visionen hat, sollte er zum Arzt gehen!" In der strategischen Planung sind hingegen solche Visionen beim Start wichtig. Inwieweit in der Planung daran festzuhalten ist, wird das Ergebnis sowohl des Stärken-Schwächen-Katalogs als auch der Umfeldanalyse zeigen. Denn sollte sich an dieser Stelle zeigen, daß es auch in zehn Jahren nicht möglich sein wird, eine festgestellte Schwäche zu beseitigen, oder daß die langfristige Entwicklung des Umfeldes dem Institut den Boden für dessen Tätigkeit im Sinne des Leitbildes entzieht, muß das Leitbild geändert werden.

Beispiel: Eine Bank fühlt sich in erster Linie den Bedürfnissen einer bestimmten Branche gegenüber verpflichtet. Das Szenario sagt ein Sterben dieses Wirtschaftszweiges in den nächsten zehn Jahren voraus. Für die Entscheidungsträger ergibt sich die Frage: Wollen wir mit dieser Branche untergehen oder überdenken und reformulieren wir unser Leitbild?

Trotzdem sollte der Ausgangspunkt des Planungsprozesses die Definition des Selbstverständnisses des Institutes sein.

Hin und wieder findet man in der Praxis den umgekehrten Weg vor: Es werden am Anfang Mitarbeiterbefragungen, Kundenbefragungen, Expertbefragungen durchgeführt, um dann zu formulieren, was diese „Bezugsbereiche" in unserer Terminologie für Soll-Vorstellungen zum Institut haben. Dieses Vorgehen ist außengesteuert und könnte eigene Wertvorstellungen in den Hintergrund drängen. Wir bevorzugen den innengesteuerten Ansatz, mit der Formulierung der eigenen Werthaltungen „vorne weg" im Leitbild.

3.6 Beispiele aus der Praxis

Zwei Negativbeispiele:

Der Vorstand einer norddeutschen Privatbank hatte bereits ein Unternehmensleitbild im wesentlichen nach den Werthaltungen des Vorstandsvorsitzenden fertig formuliert. Mit dem Hinweis auf einige „Strategie-Gurus", daß ja die Strategieentwicklung keine delegierbare Aufgabe und nur der höchsten Hierarchieebene vorbehalten sei. Der Vorstand engagierte nun einen externen Berater, der das bisherige Arbeitsergebnis aus externer Sicht überprüfen soll. Im Anschluß daran sollte dieser die Vermittlung der Inhalte an die Mitarbeiter organisieren, moderieren und durchführen.

Das erste, was wir dem Vorstand empfahlen, war, die bisherigen Arbeitsergebnisse zu verstecken, und diese weder den Führungskräften noch den Mitarbeitern zu zeigen. Nicht weil etwas daran falsch gewesen wäre, sondern weil die Inhalte nicht als „Vorgaben des Vorstands" auf die nächste Führungsebene wirken sollte. Wir stellten daher an alle Mitglieder des Vorstands und der zweiten Ebene sowie an ausgewählte Vertreter der dritten Ebene die oben dargelegten Fragen in Einzelinterviews und sammelten die Ergebnisse. Dort, wo gleichlautende Aussagen kamen, wählten wir eine Formulierung, die alle Meinungen abdeckte. Dort, wo unterschiedliche Stellungnahmen abgegeben wurden, formulierten wir polare Aussagen, um die Unterschiede deutlicher herauszuarbeiten.

Unsere Formulierungsvorschläge wurden in einer Klausur mit den interviewten Personen diskutiert. Hier wurden Formulierungen interpretiert und geklärt, Konflikte an- und ausgesprochen. Das Ergebnis der Wochenendklausur war ein gemeinsames Verständnis von den Inhalten des Unternehmensleitbildes. Die Endredaktion der Formulierungen wurde an ein dreiköpfiges Team der Bank übertragen, dem einerseits die Vertreter der ursprünglich diametralen Standpunkte sowie ein sprachgewaltiger Mitarbeiter angehörten.

Oder:

Eine Sparkasse aus der „zweiten Deutschen Bundesliga", wie das im Sparkassenjargon heißt, engagierte einen CI- und CD-Berater, um ein Corporate Identity mit einem Corporate Design zu entwickeln. Als erster Schritt wurde eine totale Mitarbeiterbefragung durchgeführt, um die Unternehmenskultur zu erheben und zu analysieren. Dann wurde eine Kundenbefragung gestartet, um das Image bei den relevanten Zielgruppen zu erheben. Erhebung, Auswertung, Präsentation und Diskussion mit Mitarbeitern und den Entscheidungsträgern nahm ein gutes Jahr in Anspruch. Ein Leitbild war aber immer noch nicht vorhanden.

Um das Verfahren abzukürzen, die bisherigen Ergebnisse aber optimal zu nutzen, wurden Strategieberater mit Organisationsentwicklungserfahrung

Auf der Suche nach Corporate Identity

beauftragt, unter Nutzung der bisherigen Ergebnisse ein Leitbild als Basis für ein Strategisches Konzept zu entwickeln. Das Material wurde gemäß der oben dargestellten Systematik aufbereitet. Informationen und Daten, die zu anderen Bausteinen des Planungsprozesses gehörten – beispielsweise zum Stärken-Schwächen-Katalog oder -szenario, wurden entsprechend der strategischen Informationssystematik eingeordnet.

In zwei Klausuren à zwei Tagen wurden die Inhalte ergänzt, die Zusammenhänge hergestellt und für alle Teilnehmer klare Aussagen zum Unternehmensleitbild getroffen. Das Institut hatte nach den vier Tagen eine geeignete Basis, um die weiteren Schritte zur Erabeitung des strategischen Konzeptes zu gehen.

Ein Positivbeispiel:

Der Vorstand einer mittelgroßen Sparkasse hatte sich entschlossen, seine strategische Planung zu revitalisieren. Es lag zwar schon eine vor, aber selbst der Vorstand war der Meinung, diese sei lediglich ein Papier für die Schublade. Wir hatten den Auftrag, nicht nur an der strategischen Planung mitzuwirken, sondern sie so im Haus zu implementieren, daß jeder Mitarbeiter nicht nur wußte, welche strategischen Zielrichtungen für das Haus von Bedeutung sind, sondern aktiv in die Zielerreichung einbezogen wurde. Auch hier fand wieder die Diskussion statt:

„...Leitbild erarbeiten, muß das sein?" Es mußte sein! Das wurde spätestens allen Beteiligten bewußt, als sie sich fragten, was ist eigentlich unser Selbstverständnis? Was zeichnet uns gegenüber unserer Konkurrenz aus? Welches Image haben wir nach außen? Die Diskussion zu diesen Fragen war so kontrovers, daß spätestens jetzt klar wurde:„...wir kommen um die Leitbildarbeit nicht herum..."

Das hochkärätige Projektteam setzte sich zusammen aus den Führungskräften der zweiten Ebene für die Bereiche Controlling, Personal, Organisation, dem Leiter Privatkundengeschäft, dem Leiter Firmenkundengeschäft, zwei Filialdirektoren, einem Mitarbeiter aus dem Marketing sowie einem Mitarbeiter aus dem Vertrieb. Aufgrund der Wichtigkeit dieses ersten Projektschrittes – Leitbilderarbeitung – ließ es sich ein Vorstandsmitglied auch nicht nehmen, in diesen beiden Tagen im Planungsteam mitzuwirken. Er wies darauf hin, daß das Leitbild insbesondere für alle Mitarbeiter nachvollziehbar sein müßte, sprich: kurz, prägnant und trotzdem aussagekräftig.

Nachdem wir die Vorgehensweise für die Erarbeitung des Leitbildes vorgestellt hatten, ging es in die erste Gruppenarbeit zur Erarbeitung der „mission". Bei der Bildung der Kleingruppen wurde auf eine „gesunde" Mischung zwischen Markt und Stab geachtet. Die Aufgabenstellung für die Gruppenarbeit lautete folgendermaßen:

> **Leitbild: erster Schritt „mission"**
> „Beschreiben Sie in drei bis fünf Sätzen die besondere Marktleistung Ihres Institutes"
> - Gruppenarbeit: 40 Minuten (drei Kleingruppen)
> - Dokumentation: auf einem Flip
> - anschließend: Präsentation im Plenum (5 Minuten pro Gruppe)

Die Ergebnisse wurden von den Kleingruppen im Plenum präsentiert. Erfreulicherweise herrschte nach anfänglichen „Ladehemmungen" des Projektteams („...„mission", das ist so abstrakt...") dann eine rege und lebhafte Diskussion. Gemeinsam wurden alle Ergebnisse auf Übereinstimmung und Unterschiede überprüft und verdichtet: Das Ergebnis waren fünf kurze, prägnante Leitsätze, die von einer Untergruppe, der auch das Vorstandsmitglied angehörte, ausformuliert wurden.

Der zweite Schritt, das Verhältnis zu den Bezugsbereichen, gestaltete sich weitaus schwieriger und kontroverser als die Erarbeitung der „mission". Nach Vorstellung möglicher Bezugsbereiche wie z.b. Abnehmermarkt, Konkurrenz/Kooperation, Interessenvertretungen, Mitarbeiter, Öffentlichkeit/Image, Haftungsträger/öffentliche Hand oder Einstellung zur Technik, wurde folgende Aufgabe an die drei Kleingruppen gestellt:

> **Leitbild: zweiter Schritt „Bezugsbereiche"**
> Durch welche Merkmale ist das Verhältnis zu den Bezugsbereichen charakterisiert und welche grundsätzliche Aussage ist zu den Themen zu treffen? (ein bis drei Sätze je Bezugsbereich)
> - Gruppenarbeit: 45 Minuten (drei Kleingruppen)
> - Dokumentation: auf einem Flip
> - anschließend: Präsentation im Plenum (5 Minuten pro Gruppe)

Die Diskussion im Plenum während der Präsentation der Gruppenergebnisse war sehr lebhaft, wurden hier doch die unterschiedlichen Grundhaltungen der Planungsteammitglieder deutlich. Das ging von absolut unterschiedlichen Meinungen zu bestimmten Bezugsbereichen (zum Beispiel: Wachstum um jeden Preis?) bis hin zum Streichen von Bezugsbereichen. Und wie sollte das Verhältnis zu den Mitarbeitern beschrieben werden, ohne daß die Formulierung rein plakativ war? Insgesamt war diese Diskussion über Grundhaltungen und das Erreichen eines Konsens nicht nur konstruktiv, sondern auch für die weitere Projektarbeit ein Meilenstein insofern, daß in der Gruppe das Vertrauen wuchs und das Planungsteam sich abends wunderte „...daß wir so wenig Konflikte haben..."

Der dritte Schritt, die Festlegung der Erfolgsfaktoren für die Zukunft (siehe Seite 45), erfolgte gemeinsam im Plenum. Die möglichen Erfolgsfaktoren wurden von uns anhand von Unternehmensbeispielen vorgestellt und diskutiert. Jedes Planungsteammitglied erhielt fünf Klebepunkte zur Gewichtung. Nach der ersten Runde war der Umfang der Liste zumindest schon auf zwölf Erfolgsfaktoren geschrumpft, aber viele lagen von der Gewichtung her dermaßen eng zusammen, daß eine Reduzierung auf maximal vier Erfolgsfaktoren als völlig aussichtslos schien. Und dann waren da auch noch Faktoren wie Ertragslage, Produktivität etc., die kontroverse Diskussionen auslösten: Was ist zuerst da, die Henne oder das Ei? Ist der Ertrag oder eher ein gut funktionierendes Vertriebsnetz der Erfolgsfaktor? Das Planungsteam war leicht frustriert, ging doch vorher die Arbeit schnell und zügig voran, und nun diese Endlos-Diskussionen. Natürlich wurde der Ruf laut, wir sollten das Verfahren verkürzen. Aber wir sind der Meinung, daß diese Diskussionen notwendig sind. Erst die Auseinandersetzung mit unterschiedlichen Sichtweisen, der Akzeptanz anderer Meinungen und auch den sich daraus ergebenden Konflikten führt letztendlich zu einem Ergebnis, daß zwar nicht von allen, aber zumindest von der Mehrheit getragen wird. Eine Konsenslösung ist anzustreben, aber manchmal wird es eben nur eine Kompromißlösung.

Einige Erfolgsfaktoren wurden verdichtet und eine zweite Runde zur Gewichtung eingeläutet. Das Feld konzentrierte sich nun noch auf sechs Erfolgsfaktoren, die im Ergebnis zu vier verdichtet wurden.

1. Tag: Leitbilderarbeitung				
wann	was	Dauer	wer	Bemerkungen
8.30	Informationsaustausch: „ist seit unserem letzten Treffen im Haus etwas vorgefallen, was unser Projekt beeinflußt?"	10	Planungsteam	
8.40	Vorstellung: Vorgehen Leitbilderarbeitung	15	Externer	Folien: 3 Schritte des Leitbildes
8.55	Der 1. Schritt: „mission" definieren – Gruppenarbeit	65	Kleingruppen	Aufgabe für Gruppen auf Flip
10.00	Pause	15		
10.15	weiter: Schritt 1 – Präsentation im Plenum, Diskussion und Verdichtung Gruppenergebnisse	60	Kleingruppen, Plenum	Ergebnisse Gruppen auf Flip, wo sind Übereinstimmungen? Auf Flip verdichten
11.15	Der 2. Schritt: Bezugsbereiche beschreiben – Gruppenarbeit	75	Kleingruppen	Ergebnisse Gruppbereiche vorstellen, Aufgabe an Gruppen
12.30	Mittagspause	60		
13.30	weiter: Schritt 2 – Präsentation im Plenum, Diskussiond und Verdichtung Gruppenergebnisse	90	Kleingruppen, Plenum	Folie, Bezugs pen auf Flip, Diskussion und gemeinsames Ergebnis auf Flip
16.10	Lerngruppen	20	Kleingruppen	Fragen für Lerngruppen auf Flip
16.30	Ende			

Abbildung 9: Die Leitbilderarbeitung
(Beispiel)

2. Tag: Leitbilderarbeitung

wann	was	Dauer	wer	Bemerkungen
8.30	Informationsaustausch: Lerngruppen	30	Planungsteam	
9.00	weiter: Schritt 2 – Präsentation im Plenum, Diskussion und Verdichtung Gruppenergebnisse	90	Plenum	Ergebnisse Gruppen auf Flip, Diskussion und gemeinsames Ergebnis auf Flip
10.30	Pause	15		
10.45	Der 3. Schritt: „Erfolgsfaktoren" – Präsentation auf Diskussion Erfolgsfaktoren	105	Plenum	Folie Erfolgsfaktoren vorstellen, Karten Erfolgsfaktoren mit Beispielen
12.30	Mittagspause	60		
13.30	weiter Schritt 3 – 1. Bewertung Erfolgsfaktoren – Diskussion	60	Plenum	Punktabfrage
14.30	weiter: Schritt 3 – 2. Bewertung Erfolgsfaktoren – Diskussion – Prüfung auf Plausibilität (mission, Bezugsbereiche)	60	Plenum	Punktabfrage
15.30	Einführung in die Planfeldsystematik – Planfelder und ihre Elemente	90	Plenum	Liste gemeinsam überprüfen
17.00	Lerngruppen	30	Kleingruppen	Fragen für Lerngruppen auf Flip
17.30	Ende			

Abbildung 9: Fortsetzung

Kapitel 4

Die Planfeldsystematik

Die Planfeldsystematik

Beim nächsten Schritt in der Erarbeitung eines strategischen Konzeptes stellt sich die Frage, mit welchen Unternehmensbereichen die Planung begonnen wird. Ist es der Gewinn, sind es die Marktanteile, sind es die Kundenbedürfnisse, die Zielgruppen oder das Leistungsangebot, womit man zu planen beginnt. Die Antwort auf diese Frage kann nicht generell für alle Institute gegeben werden, sondern hängt von dessem jeweiligen Leitbild ab. Dieses bestimmt auch die Reihenfolge der Planung.

4.1 Der gedankliche Raster für eine systematische Planung

Entsprechend der congena-Methodik ist bei der strategischen Planung das gesamte Unternehmen in sogenannte Planfelder zu gliedern. Dieser gedankliche Raster dient als Analyseraster und ist das Grundgerüst für den Aufbau einer Planungslogik.

Planfelder sind gedanklich abgegrenzte Unternehmensteile, in denen Ziele und Strategien zu entwickeln sind. Sie sind Funktionen, die das Unternehmen zu erfüllen, bzw. Bereiche, mit denen es sich innerhalb und außerhalb auseinanderzusetzen hat, z.B.:

- Zielgruppen
- Kundenbedürfnisse
- Stellung in der Öffentlichkeit
- Produkte/Leistungen
- Vertrieb
- Ergebnissteuerung
- Organisation/Verwaltung
- Kooperationspartner
- Marketinginstrumente
- Öffentliche Institutionen und Interessensvertretungen
- Technik/EDV
- Mitarbeiter

Diese Beispiele von Planfeldern, sind am häufigsten in dieser oder ähnlicher Form und mit diesen Bezeichnungen anzutreffen.

Um während eines Planungsprozesses Ziele und Strategien in einer sinnvollen Reihenfolge zu entwickeln, ist eine Input-/Output-Analyse mittels einer Abhängigkeitsmatrix notwendig, wie sie in im folgenden dargestellt ist.

	Zielgruppen	Kundenbedürfnisse	Stellung in der Öffentlichkeit/Image	Produkte/Leistungen	Vertrieb	Ergebnissteuerung	Organisation/Verwaltung	Kooperationspartner	Marketinginstrumente	Öffentl. Institutionen u. Interessenvertretungen	Technik/EDV	Mitarbeiter	Summe der Inputs	Input/Output Koeffizient
Zielgruppen		2	2	0	0	2	0	0	1	0	0	0	7	0,50
Kundenbedürfnisse	0		0	0	0	0	0	0	0	0	0	0	0	0,00
Stellung in der Öffentlichkeit/Image	1	1		1	0	0	0	0	1	1	0	1	6	0,54
Produkte/Leistungen	2	2	1		0	2	0	0	1	1	0	0	9	0,69
Vertrieb	2	2	1	2		2	0	1	2	0	0	1	13	1,44
Ergebnissteuerung	1	0	0	2	2		2	1	2	0	2	2	14	1,00
Organisation/Verwaltung	1	0	1	2	2	2		1	1	0	2	2	14	2,80
Kooperationspartner	2	2	1	2	2	2	0		2	1	0	0	14	2,33
Marketinginstrumente	1	1	1	0	0	1	0	0		0	1	1	6	0,50
Öffentl. Institutionen u. Interessenvertretungen	1	0	2	1	0	0	0	1	0		0	1	6	1,50
Technik/EDV	2	1	1	2	2	2	2	1	2	1		2	18	3,00
Mitarbeiter	1	0	1	1	1	1	1	1	0	0	1		8	0,80
Summe der Outputs	14	11	11	13	9	14	5	6	12	4	6	10		

Abbildung 10: Abhängigkeitsmatrix

Dabei wird die Prozeßfrage gestellt: Wenn wir im Planfeld X planen, muß dann im Planfeld Y bereits geplant sein?

0...heißt: Nein, es besteht überhaupt kein Zusammenhang bzw. keine Abhängigkeit in dieser Richtung.
1...heißt: Es wäre zweckmäßig, aber nicht unbedingt erforderlich bzw. in Teilbereichen des Planfeldes ist es notwendig, aber nicht bei allen Elementen des Planfeldes.
2...heißt: Ja, auf jeden Fall.

Die Antwort auf diese Prozeßfrage ist nicht allgemein betriebswirtschaftlich zu geben, sondern darf nur im Sinne der im Leitbild zum Ausdruck gebrachten Werthaltungen gegeben werden. Daher ist jede Matrix unternehmensspezifisch. Das in dieser Matrix dargestellte Beispiel bezieht sich auf eine Sparkasse, die zu den 20 größten deutschen Instituten dieses Sektors gehört.

Aus der letzten Spalte dieser Abhängigkeitsmatrix ist ersichtlich, aus wieviel anderen Feldern − gewichtet von null bis zwei − Inputs aus anderen Planfeldern notwendig sind. Die letzte Zeile der Matrix zeigt, wieviele Outputs ein Planfeld für andere Planfelder liefert, sobald es geplant wurde.

Im Sinne eines logischen, in sich konsistenten Planungsprozesses wird man mit jenen Planfeldern zu planen beginnen, die wenig Inputs von anderen Planfeldern benötigen und gleichzeitig viele Outputs an andere Planfelder liefern, sobald sie geplant sind, also mit jenen Planfeldern, deren Verhältnis Inputs zu Outputs = Quotient möglichst klein ist.

Stellt man das Ergebnis dieser Analyse in konzentrischen Kreisen dar, so plaziert man die Planfelder mit niedrigen Quotienten ins Innere des Kreises und jene mit hohen Quotienten an die Peripherie eines Kreises (siehe Abbildung 11). Dies bedeutet für die systematische Planung eines Unternehmens mit solchen Planfeldern zu beginnen, die im Zentrum einer Planfeldsscheibe stehen und sukzessive im Planungsverlauf nach außen zu wandern. Je weiter ein Planfeld außerhalb des Mittelpunkts der Planfeldscheibe liegt, desto später kann und sollte man dieses Planfeld strategisch „beplanen".

Wie die drei nachfolgenden Beispiele von Planfeldscheiben zeigen, sind die Leitbildansätze kundenbedürfnisorientiert. Das heißt Ausgangspunkt der strategischen Planung für diese Institute sind die Bedürfnisse der Kunden, die es zu erforschen gilt.

Unterschiedlich dagegen ist der Stellenwert der Mitarbeiter. In den Scheiben A und C finden wir sie im zweiten Ring, während sie im Beispiel B im äußersten Ring erscheinen. Im letztgenannten Beispiel ist die Gestaltung des Verhältnisses zum gesellschaftspolitischen Umfeld vorrangiger als die Planung des Planfeldes Personal. Die Marketinginstrumente sind hier ebenfalls peripherer als in den Scheiben A und C. Sicher kommt es auf die institutsspezifische Abgrenzung der jeweiligen Planfelder an.

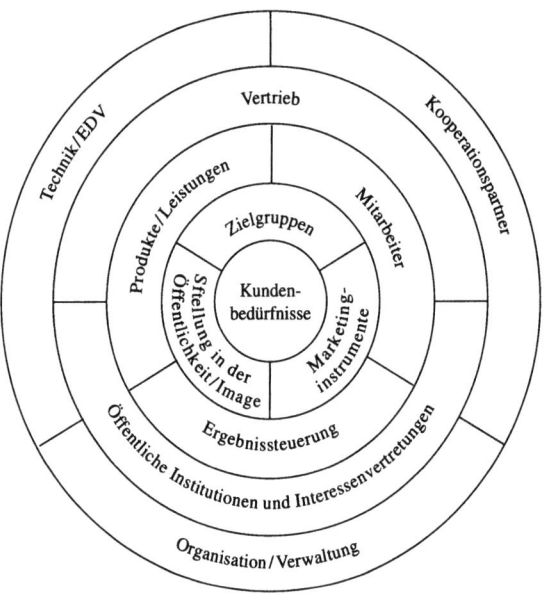

Abbildung 11:
Planfeldscheibe A

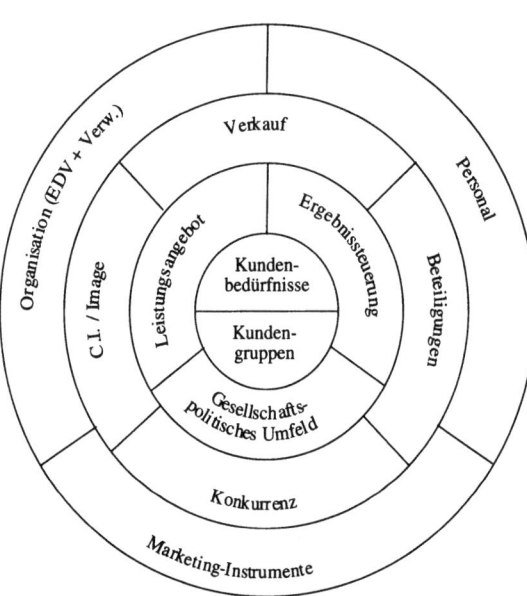

Abbildung 12:
Planfeldscheibe B

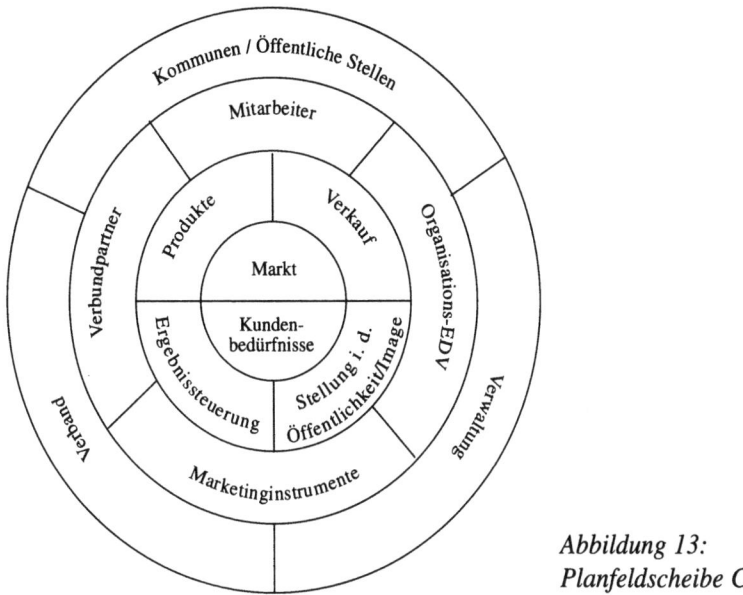

Abbildung 13:
Planfeldscheibe C

Ob beispielsweise die Preispolitik im Planfeld „Marketinginstrumente" oder im Planfeld „Leistungsangebot" enthalten ist. Obwohl in der Praxis bei der Diskussion der Planfeldsystematik Wert darauf gelegt werden muß, daß die Planfelder nicht identisch mit den Organisationseinheiten des jeweiligen Institutes sind und die Stellung der Felder in der Scheibe nicht die Wichtigkeit, sondern nur die zweckmäßigste chronologische Reihenfolge widerspiegelt, kann man dennoch die grundsätzlichen Werthaltungen laut Leitbild in der Anordnung der Planfelder erkennen.

Plausibel werden Inhalte und Anordnung der Planfelder, wenn man weiß, daß die Beispiele A und C von mittelgroßen norddeutschen und süddeutschen Sparkassen, die Planfeldscheibe B von einer österreichischen Großbank stammen. Beim letztgenannten Beispiel determinieren Ergebnissteuerung und das Verhältnis zum gesellschaftspolitischen Umfeld viel stärker das Planungsgeschehen als bei den anderen beiden. Bei diesen wiederum fallen die Planfelder Verband, Verbund, Kooperationspartner und Kommunen auf, wenn auch an peripherer Stelle.

Wozu dient die so erarbeitete Planfeldscheibe?

1. Sie gibt die Reihenfolge für die zu bearbeitenden Planfelder an, in denen Ziele und Strategien zu entwickeln sind und zwar von innen nach außen.
2. Sie dient als Untersuchungsraster für die nachfolgende Unternehmensanalyse und Aufstellung des Stärken-Schwächen-Katalogs.
3. Sie ist die Grundlage für ein strategisches Informationssystem. Das heißt nach dieser Systematik werden Informationen eingeholt, gesammelt, dokumentiert und können so übersichtlich abgerufen werden.
4. Der Praktiker kann diese Scheibe in seinem Tagesgeschäft als Checkliste verwenden. Sie läßt ihn nichts übersehen und zwingt ihn auf sanfte Weise, im Sinne des Unternehmensleitbildes zu entscheiden und zu handeln.

Dieser Schritt in der Erarbeitung eines strategischen Unternehmenskonzeptes kann im wesentlichen vom Projektteam durchgeführt werden, ohne die in den anderen Phasen erforderliche Einbindung der Linienführungskräfte und Entscheidungsträger. Die Projektteamarbeit sollte möglichst in einem Zug, das heißt an unmittelbar aufeinanderfolgenden Arbeitstagen erfolgen. So kann ein Bewertungsmaßstab durchgezogen werden. Eine Dokumentation der einzelnen Argumente für die Bewertung der Abhängigkeitsmatrix ist zu zeitaufwendig. Der Teilnehmerkreis der bewertenden Projektteammitglieder sollte unverändert bleiben.

Das Ergebnis sollte vor den anderen Planungsgruppen bzw. Entscheidungsträgern präsentiert und interpretiert werden. Eine Überprüfung auf Plausibilität reicht vollkommen aus. Das Projektteam sollte sich nicht auf Diskussion der einzelnen Bewertungen in der Abhängigkeitsmatrix mit den Entscheidungsträgern einlassen. In diesem Fall müßte die gesamte Matrix noch einmal mit den Entscheidungsträgern durchgearbeitet werden. In keinem unserer Projekte wurde die Planfeldscheibe durch die Entscheidungsträger erheblich verändert.

Der Zeitbedarf für die Erarbeitung dauerte noch in den 70er Jahren an die drei Teamwochen. Im Laufe der Zeit haben wir das Verfahren so stark weiterentwickelt, daß ein Team von fünf bis sieben Mitgliedern in zwei bis drei Arbeitstagen die Abhängigkeitsmatrix bis hin zur Planfeldscheibe durcharbeiten kann. Nicht inbegriffen in dieser Zeit ist die Abgrenzung der Planfelder und deren Elemente gegeneinander und die Anpassung an das jeweilige Institut. Mit der Anzahl der Projektteammitglieder steigt auch der Zeitbedarf. Die Zeit ist allerdings gut investiert, denn je intensiver die Diskussion, desto stärker und homogener wird auch die Identifikation des Teams mit dem Leitbild.

4.2 Beispiele aus der Praxis

Negativbeispiel:

Die von einigen Sektorenverbänden (Sparkassen und Genossenschaften) vorgegebenen Zielhierarchien täuschen simple monokausale Zusammenhänge vor und berücksichtigen fast nur betriebswirtschaftlich rechenbare Größen. Die Wirklichkeit hingegen ist komplexer und interdependent.

Diese Komplexität läßt sich wesentlich anschaulicher und wirklichkeitsnäher durch eine Input- und Outputanalyse wie die der Abhängigkeitsmatrix darstellen. Dennoch bleibt sie auch für den Praktiker leicht verständlich und nachvollziehbar.

Interdependenz versus Monokausalität

Positivbeispiel:

Im nächsten Abschnitt wird anhand einer mittleren norddeutschen Sparkasse die Erarbeitung einer Planfeldscheibe beschrieben, und zwar von
- der Bildung der Planfelder mit genauer Definition durch Planfeld-Elemente,
- über die Aufstellung der Abhängigkeitsmatrix bis hin
- zur Anordnung der Planfelder in der institutsspezifischen Planfeldscheibe.

Das Planungsteam aus diesem Institut setzte sich aus Mitgliedern der zweiten Führungsebene, Stab und Vertrieb sowie weiteren Mitarbeitern unterschiedlicher Hierarchieebenen zusammen. Bei der Bildung des Planungsteams war insbesondere darauf geachtet worden, daß ein ausgewogenes Verhältnis von Stab und Vertrieb gewährleistet war. Ferner wurden diejenigen Mitarbeiter rekrutiert, die auch bei der Umsetzung als Multiplikatoren wirken konnten. Hinzu kamen junge Nachwuchskräfte sowie ein Personalratsmitglied. Insgesamt umfaßte das Planungsteam – ohne die externen Beteiligten – zehn Mitglieder.

In einem ersten Schritt wurde dem Planungsteam eine Woche vor der Projektsitzung eine Liste mit den Planfeldern und den dazugehörigen Elementen zugesandt. Die Planungsteammitglieder hatten die Aufgabe, diese auf den institutseinheitlichen Sprachgebrauch zu prüfen und die Liste zu ergänzen oder auch Teile zu streichen.

In der darauffolgenden Projektsitzung wurde diese Liste gemeinsam im Plenum abgestimmt. Bei entsprechender Vorbereitung des Projektteams umfaßt diese Diskussion in der Regel zwischen zwei und drei Stunden. Das Ergebnis finden Sie auf den folgenden Seiten.

4.3 Übersicht der Planfelder und ihrer Elemente

Planfelder   **Elemente**

Zielgruppen
Firmenkunden:
- nach Branchen (Handel, Handwerk, Industrie, Gewerbe)
- nach Umsatz
- Beschäftigte
- nach Intensivierungspotential
- nach Bonität
- Freiberufler: Ärzte, Rechtsanwälte, Steuerberater, Architekten etc.
- geschäftsführende Gesellschafter
- Existenzgründer

Privatkunden:
- unselbständig Erwerbstätige nach: Geschlecht, Alter, Einkommen, Beruf, Haushaltsgröße
- Standardmarkt
- Vermögensmarkt
- Wachstumsmarkt
- Jugendmarkt
- Neukunden

Institutionelle Kunden:
- Versicherungen
- Krankenkassen
- Kommunen/kommunale Betriebe
- Organisationen ohne Erwerbscharakter (soziale caritative Einrichtungen, Interessenvertretungen, Religionsgemeinschaften, Parteien, Kammern, Verbände)

Kundenbedürfnisse *Bedürfnisarten:*
– Anlagebedürfnis
– Finanzierungsbedürfnis
– Zahlungsverkehr
– Sicherheit
– Ertragsbedürfnis
– Verfügbarkeit
– Bequemlichkeit/Arbeitserleichterung
– Information/Beratung
– Prestige/Anerkennung
– Selbstverwirklichung
– Eigentum und Vermögen
– Selbständigkeit
– Spekulation
– Erlebnis

Motivforschung:
– Verbraucherverhalten
– Einstellungen

Erwartungen und Prognosen hinsichtlich des Verbraucherverhaltens

Kommunikationsforschung hinsichtlich der Einstellung zu:
– Produkten
– Image
– Kampagnen
– Veranstaltungen

Erhebungsarten:
– Eigenerhebung
– Fremderhebung
– Primär- und Sekundärerhebungen

Leistungsangebot *Qualitätsmanagement*

Sortimentstiefe und -breite

Kreditgeschäft:
- Kontokorrentkredite
- Dispositionskredite
- Wechseldiskontkredite
- Avalkredite
- Allzweckdarlehen
- Kommunaldarlehen
- Wohnungsbaudarlehen
- Zwischenfinanzierung von Bausparverträgen
- Sonderkredite (geförderte Programme)
- gewerbliche Investitionskredite
- Leasing
- sonstige Kredite

Einlagengeschäft:
- Sichteinlagen
- Termineinlagen
- Spareinlagen
- Sparkassenbriefe
- eigene Emissionen

Dienstleistungsgeschäft:
- Wertpapier- und Depotgeschäft
- Auslandsgeschäft
- Zahlungsverkehr
- Versicherungen
- Immobilien
- Bausparen
- Vermögensberatung
- Vermögensverwaltung
- Finanzberatung für Firmenkunden
- Unternehmensberatung für Firmenkunden

- Karten
- Münzen, Medaillen, Edelmetalle

Serviceleistungen:
- EDV-Service

SB-Leistungen:
- Geldautomaten
- BTX
- Point-of-Sale
- Multifunktionsterminals
- Telefonbanking
- Datex J

Stellung in der Öffentlichkeit

Imageziele

Mitwirkung in gesellschaftlichen Gruppierungen:
- Vereine
- Schulen und wissenschaftliche Einrichtungen
- Kirchen/kirchliche Einrichtungen
- kommunale Einrichtungen
- Kunst, Kultur
- politische Parteien

Kontaktpflege zu Meinungsbildnern:
- Medienvertreter
- Politiker
- Vereinsvertreter und Verbandsfunktionäre
- Lehrer aller Schulgattungen
- sonstige Multiplikatoren

Vertrieb	*Marktbereich*

Vertriebswege:
- eigenes Geschäftsstellennetz
- Kundenbetreuung außer Haus
- Direktmailing
- Selbstbedienung
- Telefonverkauf
- Absatz über Kooperationspartner
- Absatzmittler (Steuerberater, Architekten)

Vertriebsorganisation:
- Gliederungskriterien (nach Funktionen, Region, Leistungsbereich)
- Ablaufphasen
- Einsatz von Technik
- Öffnungszeiten/Erreichbarkeit

Ergebnissteuerung   *Bilanzstruktur (nach Liquiditäts- und Bilanzierungsrichtlinien):*
- Wachstumsplanung
- Einlagen/Kredite
- Kunden/Interbankengeschäft
- kurz- und mittelfristiges bzw. langfristiges Geschäft
- fest/variabel

Liquiditätsplanung und -steuerung:
- G&V-Struktur
  (nach kurzfristiger Erfolgsrechnung)
- Zinsüberschuß
- ordentlicher Ertrag
- Personalkosten
- Sachkosten
- Marketingkosten

- AVA
- sonstige Kosten
- Betriebsgewinn vor Bewertung
- Risikokosten
- Steuern
- Jahresüberschuß
- Eigenkapitalzuführung/Quote

Aufwand- und Ertragsplanung:
- Prognose und Planung

operativer Planungsprozeß

Kostenrechnung und -steuerung:
- Konten- und Kundenkalkulation
- Zinsbeitragsrechnung
- Geschäftssparten = Produktkalkulation
- Stellenkalkulation/GS- Erfolgsrechnung
- Investitionsrechnung

Budgetierung:
- Personalkosten
- Sachkosten
- Investitionen

Risikosteuerung:
- Zinsänderungsrisiko
- Kursrisiko
- Währungsrisiko
- Bonitätsrisiko (Rating und Scoring)
- Berichte und Statistiken

Organisation/ Verwaltung	*Aufbauorganisation:* – Dokumentation – Geschäftsverteilungsplan, Organigramm, Stellenbeschreibung – horizontale Gliederung: regional, funktional, leistungsbezogen – vertikale Gliederung: Einliniensystem, Mehrliniensystem, Stab/Liniensystem, Matrix, Kompetenzen/Vollmachten *Ablauforganisation:* – Arbeitsablauf, Analyse und Dokumentation – Einsatz von Technik und sonstigen Organisationsmitteln – räumliche/zeitliche Koordination – Arbeitsplatzgestaltung – Formularwesen – Regelungsdichte *Innerbetriebliches Informationswesen:* – schriftlich: Vorstandsrundschreiben, Arbeitsanweisungen, Betriebsrundschreiben, Mitteilungen, Betriebszeitung, Schwarzes Brett – mündlich: periodische Besprechungen nach Leitungsebene und Organisationseinheiten, Arbeitskreise, Projektgruppen – DV-gesteuerte Informationen *Gebäude- und Raumplanung*

Verwaltung:
- Beschaffung bzw. Instandhaltung/ Instandsetzung und Verwaltung/ Versicherung von: Grundstücken und Gebäuden, Betriebs- und Geschäftsausstattung

Technische Dienste:
- Telefonzentrale
- Botendienst und innerbetriebliche Transporte
- Versand
- Hausdruckerei
- Hausmeister
- Kantine
- Veranstaltungsservice

Sicherheitsorganisation

Datenschutz

Kooperations-/ Verbundpartner

Verbundpartner:
- West LB
- LBS
- DEKA
- Provinzial/WPV
- GS
- BWS
- sonstige

Art und Zweck der Zusammenarbeit, z.B.:
- Ergänzung eigene Produktpalette
- Vertriebsfunktion (für eigene Produkte)
- Nutzung von Kostenvorteilen
- Risikoverteilung
- Nutzung von Know-how

Marketinginstrumente *Marktforschung:*
– Markt- und Konkurrenzbeobachtung: Entwicklung der einzelnen Produktmärkte im Inland, der eigenen konkurrenzierenden Produkte
– nach Marktforschungsinstitut

Bedarfsforschung:
– Ermittlung des Markt- und Kundenpotentials.
– Ermittlung des Markt- und Kundenvolumens und der Markt- und Kundenanteile.
– Produktnutzungsanalyse
– Database Management und Scoring

Produktentwicklung/-pflege

Preispolitik/-gestaltung

Verkaufsförderung:
– Verkaufsschulung
– Verkaufshilfen
– Verkaufsaktionen

Public Relation:
– Veranstaltungen
– Sponsorenschaften
– Spenden
– Veröffentlichungen in Medien (redaktionell)

Werbung:
– Print-Medien
– Kino-Werbung
– TV-Werbung
– Radio-Werbung
– Leuchtwerbung

- Außenwerbung
- Produktwerbung
- Imagewerbung
- Werbegeschenke/Broschüren
- Schulservice
- Elektronische Medien

Interessenvertretungen/ Verband

eigene Interessenvertretungen:
- eigener Verband
- Verband der kommunalen Arbeitgeber
- Lehr - und Fortbildungsstätten, Akademien

fremde Interessenvertretungen:
- Kammern
- Gewerkschaften
- Berufsverbände und -vereinigungen
- Verbände der Kreditinstitutssektoren

Technik/EDV

EDV:
- Hardwareausstattung/Konfiguration
- Software
- Verbindung zu Rechenzentren
- Nutzungsgrad HW/SW
- Nutzungsmöglichkeiten der HW/SW
- Systementwicklung (off-/on-line)

nach Anbietern:
- eigene Anwendung
- Rechenzentrum
- sonstige Anbieter

Mitarbeiter

Personalplanung

quantitativer Personalbedarf:
- Mitarbeiterstruktur: Alter, Geschlecht, Ausbildung, Betriebszugehörigkeit, Vergütungsgruppen
- Bedarfsrechnung: Leistungsmengen, Ist/Soll-Vergleich zwischen Vergütungsgruppen
- betrieblicher Personal-Bedarfsvergleich
- Fehlzeiten
- Fluktuation
- Personalreserve
- Azubis
- Teilzeitarbeit
- Arbeitszeitmodelle

qualitativer Personalbedarf:
- Anforderungsprofile, Stellenbeschreibungen, Arbeitsplatzbewertungen, Funktionsgruppen
- Auswahlverfahren, AC, PES
- Eignungsprofile: Beurteilungen, Personalstrukturanalyse
- Schlüsselqualifikationen

Personalführung:
- Auswahl und Einführung neuer Mitarbeiter
- Information und Kommunikation
- Mitarbeitergespräch
- Zielvereinbarung
- Entscheidungsfindung
- Delegation
- Motivation und Identifikation (Lob, Anerkennung)

- Mitarbeiterzufriedenheitsanalysen/ Führungsstilanalysen
- individuelle Personalförderung
- Pflege der Führungsgrundsätze

Personalentwicklung:
- Ausbildung: Qualifizieren für gegenwärtige Aufgaben
- Fortbildung: Qualifizieren für zukünftige Aufgaben
- Weiterbildung: Entwicklung der Persönlichkeit
- Karriere- und Nachwuchsplanung
- PE-Maßnahmen am Arbeitsplatz, Coaching
- Arbeitsplatzwechsel (job rotation)
- Aufgabenerweiterung (job enlargement)
- Aufgabenbereicherung (job enrichment)
- Gehaltssystem/erfolgsorienierte Vergütung
- Betriebliches Vorschlagwesen
- Qualitätszirkel
- Trainee-Programme

Personalverwaltung:
- Arbeits- und Tarifrecht
- Einstellung
- Versetzung und Stellenneubesetzung
- Höher-/Niedergruppierung
- Kündigung
- soziale Betreuung
- Personalakten und Personalkartei
- Gehaltsabrechnung
- Anwendung der EDV
- Personalstatistik
- soziale Leistungen und Einrichtungen

Personalrat (Zusammenarbeit)

Die Erarbeitung der Planfeldscheibe

Nach der Erläuterung des Sinn und Zwecks der Planfeldsystematik galt es nun, mit den bereits definierten Planfeldern und deren Elementen eine Reihenfolge für die Planung zu erarbeiten.

Die Planfeldsystematik ist ein Analyseraster:

Analyse des Unternehmens in überschaubaren Einheiten

Die Planfelder richten sich nach
- Funktionen des Unternehmens
- Bereichen innerhalb/außerhalb des Unternehmens

Die Prozeßfrage lautete:

Wenn wir im Planfeld Y planen, muß – im Sinne des Leitbildes – im Planfeld X bereits geplant sein?

0...heißt:	nicht erforderlich
1...heißt:	wäre zweckmäßig, ist aber nicht unbedingt erforderlich bzw. für einige Planfeldbestandteile erforderlich
2...heißt:	ja, auf jeden Fall erforderlich

Gemeinsam wurden im Plenum alle vorher definierten Planfelder durchgegangen und die Abhängigkeitsmatrix erstellt. Die ersten drei Planfelder waren für das Planungsteam noch sehr zeitintensiv, weil oftmals das „X" mit dem „Y" verwechselt wurde. Deshalb ist es sehr wichtig, daß der Moderator die Prozeßfrage bei jedem Planfeld wieder neu stellt. Ab etwa dem vierten Planfeld hatte sich das Planungsteam „eingespielt" und die „0-1-2" abgegrenzt, so daß die Abhängigkeitsmatrix innerhalb eines Projekttages stand.

Trotz des hohen Diskussionaufwandes bei zehn Planungsteammitgliedern ist die gemeinsame Erarbeitung im Plenum unabdingbar. Gerade durch die gemeinsame Festlegung der Abhängigkeiten, der immer wieder gestellten Prozeßfrage als auch der mehrmaligen Diskussion der einzelnen Planfelder wird ein einheitliches Verständnis geschaffen, das insbesondere bei den weiteren Schritten, Umfeldanalyse und Unternehmensanalyse, zu einer gleichen Ausgangsbasis aller Beteiligten führt. Aber auch die Verankerung des Leitbildes findet hier statt, da bei der Diskussion automatisch auf die vorher formulierten Leitsätze verwiesen wird.

Mit Hilfe der jetzt fertiggestellten Abhängigkeitsmatrix kann die Planfeldscheibe erstellt werden. In unserem Beispiel stehen die Kundenbedürfnisse im Mittelpunkt der Scheibe. Sie sind der Ausgangspunkt für die strategische Planung. In der anschließenden Diskussion wurde die Planfeldscheibe mit dem Leitbild verglichen. Haben wir auch im Leitbild die Kundenbedürfnisse im Mittelpunkt stehen? Oder widerspricht die Reihenfolge der Planung unserem Leitbild?

Das Ergebnis – Abhängigkeitsmatrix und Planfeldscheibe – ist im folgenden dargestellt. Für die Planfeldsystematik in unserem Beispiel wurden insgesamt eineinhalb Tage benötigt.

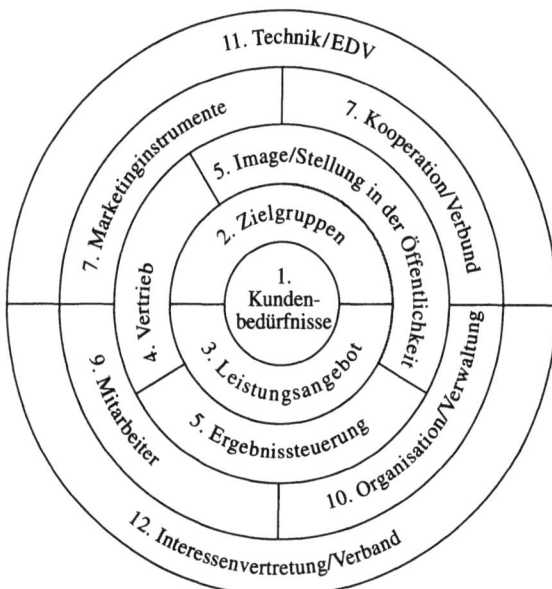

Abbildung 14:
Planfeldscheibe

Plan felder	Ziel- gruppen	Kunden- bedürf- nisse	Lei- stungs- angebot	Stellung Öffentl./ Image	Vertrieb	Ergebnis steuerung	Organisa- tion/ Verwalt.	Koopera- tion/ Verbund	Marke- ting- instr.	Inter- essenver- tretung	Technik	Mitarbei- ter	In- put	In-/ Out-put Quot.	Rang
Ziel- gruppen		2	0	0	0	1	0	0	1	0	0	0	4	0,24	2
Kunden- bedürfnisse	0		0	0	0	0	0	0	1	0	0	0	1	0,06	1
Leistungs- angebot	2	2		1	0	1	0	0	1	0	0	0	7	0,47	3
Stellung Öffentl./Image	2	2	2		2	0	1	0	0	0	0	1	10	1,11	6
Vertrieb	2	2	2	1		1	0	0	1	0	0	0	9	0,60	4
Ergebnis- steuerung	2	0	2	0	2		2	0	1	0	0	0	10	1,11	5
Organisation/ Verwaltung	2	2	2	1	2	2		1	1	0	0	1	14	2,33	10
Kooperation/ Verbund	1	2	2	1	2	1	0		0	0	0	1	10	2,00	8
Marketing- instrumente	2	2	1	2	2	1	0	1		1	1	1	14	2,00	7
Interessen- vertretungen	1	0	0	1	1	0	0	1	0		1	1	6	6,00	12
Technik	1	2	2	1	2	1	2	1	1	0		10	14	3,50	11
Mitarbeiter	2	2	2	1	2	1	1	1	0	0	1		13	2,17	9
Output	17	18	15	9	15	9	6	5	7	1	4	6			

Abbildung 15: Abhängigkeitsmatrix, 2. Teil

Kapitel 5

Die Umfeldanalyse

Die Umfeldanalyse

Die Umfeldanalyse bezieht sich auf jene Entwicklungen, die zwar das Unternehmen von außen beeinflussen, auf die dieses allerdings keinen unmittelbaren Einfluß ausüben kann. Wir treffen Vorhersagen über wahrscheinliche zukünftige Entwicklungen und Phänomene in dem Umfeld des Unternehmens, oftmals gewonnen aus vergangenen und gegenwärtigen Entwicklungen.

Wir unterscheiden „harte Daten", wie zum Beispiel volkswirtschaftliche Größen, als auch „weiche Daten", wie zum Beispiel Werthaltungen und Kundenverhalten.

Das Problem in diesem Schritt der Erarbeitung des strategischen Konzeptes ist nicht der Daten- und Informationsmangel, sondern vielmehr das „Zuviel" an Informationen. Daher ist es unbedingt notwendig, hier den Untersuchungsrahmen abzustecken und den Bedarf an relevanten Informationen zu definieren.

Diesen Rahmen bietet uns das bereits erarbeitete Leitbild. Schon allein ein Selbstverständnis als Finanzdienstleister schränkt die für uns relevante Wirklichkeit ein. Sollte dann noch die Region als Einzugsbereich definiert sein, gibt es eine weitere Reduktion des Untersuchungsfeldes und damit der Komplexität.

Ende der 60er und Anfang der 70er Jahre hat man sich in der Strategischen Planung fast ausschließlich mit harten Daten als Gegenstand quantitativer Prognosen beschäftigt. Die bekannten Irrtümer der Regressionsanalysen, die absurden Zusammenhänge, wie die Storchenflüge die Geburtenrate konstruierten, was durch mathematische Korrelationen untermauert wurde, brachten die Langfrist-Prognosen in Verruf. Endgültig scheiterten sie an den Trendbrüchen der Ölschocks.

Spätestens zu diesem Zeitpunkt übernahm man aus den Politikwissenschaften und der Praxis des Pentagon die von Kahn für strategisch-militärische Vorhersagen entwickelte Szenariotechnik für wirtschaftliche Zwecke.

Wir haben sie weiterentwickelt, für die strategische Planungspraxis in Kreditinstituten angepaßt und für Praktiker handhabbar gemacht.

Sie hat gegenüber mathematischen Prognoserechnungen folgende Vorteile:

- Sie berücksichtigt neben den harten Daten auch weiche Einflußfaktoren.
- Sie hilft zu vermeiden, nur die Vergangenheit fortzuschreiben.
- Sie nutzt den gesunden Menschenverstand, fördert Verknüpfungen und zeigt frühzeitig Widersprüche in den Annahmen über zukünftige Entwicklungen auf.
- Sie reduziert die Menge an einzuholenden Informationen auf das notwendige Ausmaß.
- Sie fördert die Einbeziehung der Entscheidungsträger in den Planungsprozeß.

In einem Kreditinstitut werden fast täglich Entscheidungen getroffen, die zehn ja sogar zwanzig Jahre in die Zukunft reichen. Jeder Bau einer Filiale, jede Einstellung eines neuen Mitarbeiters, viele Investitionsentscheidungen werden von Führungskräften getroffen unter bewußten oder unbewußten Vorannahmen über zukünftige Entwicklungen.

Diese Vorannahmen wollen wir in der strategischen Planung transparent machen systematisch sammeln und miteinander in Beziehung stellen.

Dabei tritt immer wieder das Phänomen auf, daß Führungs- und Fachkräfte – konkret dazu aufgefordert – sich weigern, eine explizite Prognose abzugeben. In ihrer tägliche Arbeit gehen sie oft unbewußt von persönlichen Erwartungshaltungen über die für ihren Arbeitsbereich relevanten Entwicklungen aus.

Diese Erwartungshaltungen gilt es zu heben, sichtbar zu machen, zu systematisieren und kombinieren. In der Praxis ist für die Qualität der Ergebnisse eines solchen Verfahrens die Zusammensetzung der Arbeitsgruppe ausschlaggebend. Daher beschränken wir uns nicht auf das Planungsteam. Wir beziehen Stab und Linie, Markt- und Betriebsbereich sowie jene Fachleute in die Szenariotagung mit ein, die sich mit langfristigen Problemstellungen häufig auseinandersetzen. Auch externe Fachleute aus Wirtschaft und Politik ziehen wir fallweise hinzu.

Das „congeniale" Szenario-Verfahren sieht folgende Arbeitsschritte vor:

5.1 Schritte zur Erarbeitung eines Szenarios

Schritt 1: Zunächst ist die Frage zu beantworten, welche künftigen Situationen und Entwicklungen im Umfeld des Unternehmens, die nicht unmittelbar vom Unternehmen selbst beeinflußbar sind, für die Zukunft ausschlaggebend sein werden. Diese Entwicklungen und Situationen nennen wir *Einflußfaktoren*.

Schritt 2: Diese Einflußfaktoren werden zu Umfeldbereichen gruppiert. Die bisher unter unserer Mitwirkung erarbeiteten Szenarien bei deutschen und österreichischen Finanzdienstleistern haben die nachfolgend angeführten elf Umfelder ergeben. Die erarbeiteten Einflußfaktoren sind den in der Liste enthaltenen Umfeldern zuzuordnen. Wo es nicht möglich ist, sind zusätzliche Umfelder zu schaffen.

Umfeldbereich: Bevölkerung

Einflußfaktoren:
- Einwohnerzahl im Einzugsgebiet
- Bevölkerungsstruktur
- Haushaltsgröße
- Ausländeranteil
- Land /Stadtflucht

Umfeldbereich: Wirtschaftsentwicklung

Einflußfaktoren:
- Bruttoinlandsprodukt/Bruttoregionalprodukt
- Einkommensentwicklung
- Kaufkraft/Inflation
- Zinsniveau
- Arbeitslose
- Vermögensübertragungen/Erbfälle
- Anzahl der Unternehmen im Einzugsgebiet
- Branchenentwicklung im Einzugsgebiet
- Kommunale investive Maßnahmen
- Wohnungsmarkt
- Kapitalstruktur der Unternehmen

Umfeldbereich:	**Gesellschaft- und Wirtschaftspolitik**
Einflußfaktoren:	– Europäische Integration – Einfluß kommunaler Kräfte – Arbeitszeitverkürzung – Ausbildungsniveau – Soziale Absicherung – Öffentliche Wirtsehaftsförderung – Steuern und Abgaben – Tarifpolitik
Umfeldbereich:	**Gesetzgebung**
Einflußfaktoren:	– Verschärfte Einstellung zum Risiko: Finanzinnovationen, Umweftnsiken, Eigenkapitalerfordernisse – Sektorenspezifisehe Rahmenbedingungen, z.B. Sparkassengesehäfte, Homologisierung in Europa und in westlichen Industriestaaten
Umfeldbereich:	**Wertewandel**
Einflußfaktoren:	– Einstellung zur Teclmik – Kommunikationsverhalten – Anspruchsdenken – Umweltbewußtsein – Freizeit und Arbeit – Individualität und Gruppenverhalten – Frau und Mann in der Emanzipation – Mobilität und Arbeitsplatz
Umfeldbereich:	**Kundenbedürfnisse und -verhalten**
Einflußfaktoren:	– Sicherheit – Verfügbarkeit von Leistungen (Finanzmittel) – Ertrag – Preis-Leistungs-Bewußtsein – Qualitätsbewußtsein – Bequemlichkeit

Umfeldbereich:	Wettbewerb
Einflußfaktoren:	– Anzahl, Struktur, Betriebsgrößen
– Marktverhalten
– Eingesetztes absatzpolitisches Instrumentarium, Koopera trauen
– Erkennbare Basisstrategien
– Spezialisierungstendenzen
Umfeldbereich:	Rolle und Funktion der Sektoren und Verbände
Einflußfaktoren:	– Zentrale Funktionen
– Gemeinschaftsaktionen
Umfeldbereich:	Verhältnis zur öffentlichen Hand
Einflußfaktoren:	– Rolle der Kommunen
(Bund, Länder, Gemeinden)
– Art der gegenseitigen Einflußnahme
Umfeldbereich:	Technik
Einflußfaktoren:	– Informationstechnologie
– Unterstützung von Arbeitsabläufen
– Gebäude, Raum, Arbeitsplatz

Schritt 3: Jeder Umfeldbereich ist auf Vollständigkeit hinsichtlich der wichtigsten Einflußfaktoren zu überprüfen. Die Einflußfaktoren sind zu ergänzen, zu streichen und nach ihrer Bedeutung für das Unternehmen zu ordnen.

Schritt 4: Pro Umfeldbereich werden die Entwicklungen jedes Einflußfaktors in den nächsten fünf bis zehn Jahren eingeschätzt. Den eingeschätzten Verlauf dieser Entwicklung nennen wir Projektion. Die hier gezeigte „Prinzipdarstellung der Projektionen" dient als Muster für die Erarbeitung in Gruppen

Schritt 5: Als Zeitachse sollten fünf Jahre zurück und zehn Jahre in die

Zukunft gewählt werden. Die Zeitachse ist für alle Projektionen aller Umfelder gleich zu verwenden. Wichtig ist dabei die Bezeichnung der Ordinate. Dies ist manchmal bei qualitativen Voraussagen schwierig. Eine knappe verbale Aussage ist zur Beschreibung der Projektion zu formulieren.

Schritt 6: Die Indikatoren, aus denen man die Entwicklung ablesen kann, sind zu benennen.

Schritt 7: Die Quellen, die nähere Informationen über die eingeschätzte Entwicklung geben können, sind zu bezeichnen.

Schritt 8: Die Auswirkungen der projizierten Entwicklung auf das Unternehmen sind in knapper Form zu beschreiben. Was würde passieren, wenn das Unternehmen auf diese Entwicklung nicht reagieren würde? In diesem Stadium ist die Formulierung von Strategien oder Maßnahmen zu vermeiden.

Schritt 9: Jene Planfelder sind anzuführen, auf welche die Projektion Auswirkungen haben wird.

Die Erarbeitung in der Praxis geht so vor sich, daß das Planungsteam wichtige Meinungsbildner und Informationsträger des Institutes, aber auch regionale Wirtschaftsexperten und -politiker von außerhalb zu zwei Szenariositzungen einlädt. Ideal ist eine Gruppengröße von 15 bis 18 Teilnehmern.

In einem ersten Durchgang werden anhand der vorgeschlagenen Umfelder die für das Institut relevanten Einflußfaktoren mit einem schriftlichen Brainstorming auf Karten gesammelt. Die Umfelder mit den dazugehörigen Einflußfaktoren werden auf drei Untergruppen aufgeteilt, damit zeitökonomisch und arbeitsteilig gearbeitet werden kann. Dabei ist darauf zu achten, daß jene Umfelder, die inhaltlich in besonders enger Wechselbeziehung stehen, von derselben Arbeitsgruppe bearbeitet werden.

Hauptziel dieses ersten Durchganges ist, den Informationsbedarf einzugrenzen und zu bestimmen. In diesem Durchlauf ist es noch nicht wichtig, einen Konsens bei den getroffenen Annahmen zu erreichen. Dort, wo in der Untergruppe unterschiedliche Auffassungen über zu erwartende Entwicklungen bestehen, werden diese Projektionen durch sogenannte Weichenstellungen markiert.

Die Untergruppe vervollständigt die Einflußfaktoren aus ihrer Sicht, bringt sie nach der Bedeutung für das Unternehmen in eine Reihenfolge und erarbeitet für jeden Einflußfaktor eine Projektion. Die Ergebnisse der Untergruppen werden im Plenum der Klausursitzung präsentiert. Besonderes Augenmerk gilt den Weichenstellungen. Sie werden aus der Sicht anderer Umfelder beleuchtet und diskutiert. Durch die Abstimmung mit allen anderen Projektionen löst sich die eine oder andere Weichenstellung auf.

Denn Ziel ist, ein in sich stimmiges, konsistentes Bild der Zukunft zu erhalten. Wenn auch nach dieser Diskussion Weichenstellungen bestehen bleiben, wäre es Anlaß zu Alternativszenarien. Diese wollen wir aber in der praktischen Handhabung dieses Instrumentes vermeiden. Deshalb werden nach der Überprüfung aller Projektionen auf Widerspruchsfreiheit nach dem Ende der ersten Szenariositzung für die kritischen Einflußfaktoren Informationen in und außerhalb des Institutes eingeholt, um mehr Sichheit für die Annahmen zu erhalten. Für die Phase der Informationseinholung, die durch das Planungsteam bewerkstelligt wird, sollten drei bis sechs Wochen vorgesehen werden.

Vollkommen verläßliche Informationen wird es auch nach noch so vielen Recherchen nicht geben. Denn allem Zukünftigen fehlt die Beweiskraft des Faktischen. Das bedeutet, es wird dennoch eine Entscheidung seitens der Führungskräfte notwendig sein. Entscheidung heißt ja bekanntlich, eine Alternative unter Unsicherheiten auszuwählen.

Die Erarbeitung von Alternativszenarien, wie sie von den Strategen der Shell Corporation propagiert werden, sind im Planungs- und Entscheidungsprozeß für Banken und Sparkassen kaum brauchbar. In der praktischen Planung müssen sich die Entscheider letzten Endes für eine, und zwar die wahrscheinlichere Variante entscheiden, um die notwendigen Investitionen in Ressourcen zu vollziehen.

Um die Szenariotechnik für einen pragmatischen Planungsprozeß nutzbar zu machen, haben wir in der Praxis bewußt auf das Aufstellen von Störszenarien und den daraus folgenden Alternativszenarien verzichtet.

Dann wird die zweite Szenariositzung abgehalten. Bei dieser Veranstaltung ist das Ziel, möglichst alle Weichenstellungen aufzulösen, sich für die wahrscheinlichste Entwicklung zu entscheiden. Auf diese Weise wird bei den Entscheidungsträgern unter Mitwirkung der wichtigsten Fachund Führungskräfte eine gemeinsame Erwartungshaltung hinsichtlich der für das Unternehmen relevanten Umfeldentwicklungen erzeugt.

Das Ergebnis der zweiten Szenariositzung ist ein widerspruchsfreies, von den Entscheidungsträgern entworfenes Bild der Zukunft, das strategische Auswirkungen auf das Institut haben wird.

Durch die Bezeichnung der Projektion mit jenen Planfeldern, die von der Auswirkung der Entwicklung betroffen sind, ermöglichen unerwartete Umfeldveränderungen in der Realisierungsphase eine Korrektur der darauf aufgebauten Strategie.

Szenarioworkshops mit Entscheidungsträgern und Führungskräften eignen sich in der Praxis besonders gut, wenn man eine „eingeschlafene" strategische Planung wieder zum Leben erwecken möchte bzw. einer zur Routine gewordenen „Vorwärtsbuchhaltung" qualitative Impulse geben will.

5.2 Beispiele aus der Praxis

Ein Negativbeispiel:

Eine große österreichische Bank beabsichtigte Anfang der 80er Jahre ein strategisches Unternehmenskonzept zu entwickeln. Auf dieses Projekt wurden unterschiedliche Stabsstellen angesetzt. Eine volkswirtschaftliche Abteilung, die über besondere qualtitative und quantitative Personalkapazitäten, zum Beispiel kompetente Wirtschaftsforscher verfügte, entwickelte besonders anspruchsvolle Operations-Research-Modelle. Diese wurden an den Vorstand geliefert. Desgleichen lieferten das Rechnungswesen, das Marketing, der Organisations- und EDV-Bereich ihre Prognosen. Da viele dieser Arbeitsergebnisse einander widersprachen, war der Vorstand ratlos, was er damit anfangen sollte. So entschied er, sich für nichts zu entscheiden. Man brauchte ja nur zu warten, und aus der Zukunft wurde Vergangenheit. Das Risiko dieser Bank wurde schließlich sozialisiert. Man braucht nur groß genug zu sein, um angesichts des drohenden Verlusts an Arbeitsplätzen vom Staat nicht im Stich gelassen zu werden – zumindest in Österreich.

Ein Positivbeispiel:
In einer kleinen norddeutschen Sparkasse wurde mit einem Planungsteam, das zur Hälfte aus Führungskräften der zweiten Ebene, Mitarbeitern aus den Bereichen Marketing und Vertrieb sowie einem Personalratsmitglied bestand, ein strategisches Konzept erarbeitet. Teilweise war auch der Vorstand Planungsteammitglied. Bei der Erarbeitung der Szenarien stellte sich auch hier heraus, wie schwierig es ist, Prognosen über die Zukunft zu liefern. Nicht nur, daß die Zukunft ungewiß ist, nein, es herrschten auch große Unterschiede bezüglich der Einschätzung zukünftiger Entwicklungen.

Der erste Tag zur Szenarioerarbeitung sah folgendermaßen aus: Es wurden drei Kleingruppen gebildet und die Umfeldbereiche (siehe Seite 87) aufgeteilt. Dann wurde den Kleingruppen folgende Aufgabe gestellt.

Tatenlosigkeit aufgrund einander widersprechender Modelle

Schritt 1:	Beantworten Sie die Frage:
	Welche künftige Entwicklungen im Umfeld Ihres Unternehmens werden für die Zukunft ausschlaggebend sein? (Einflußfaktoren)
Schritt 2:	Ergänzen, streichen und ordnen Sie die Einflußfaktoren nach ihrer Bedeutung für das Unternehmen.
Schritt 3:	Wählen Sie aus den zugeteilten Umfeldbereichen jene fünf Einflußfaktoren, die am bedeutesten sind für ihr Unternehmen.
Schritt 4:	Präsentieren Sie die fünf Erfolgsfaktoren im Plenum auf Karten.
Zeit:	45 min

Die Gruppen stellten ihr Ergebnis im Plenum vor und die Einflußfaktoren wurden in der Diskussion noch weiter ergänzt. Insgesamt wurden neun Umfeldbereiche mit 21 für das Institut bedeutsamen Einflußfaktoren herausgearbeitet:

Einflußfaktoren, die für die Zukunft unserer Sparkasse bedeutsam sind:

1. **Bevölkerung**
   1.1 Einwohnerzahl

2. **Wirtschaftsentwicklung**
   2.1 Reale Einkommensentwicklung/Vermögensentwicklung und Verteilung
   2.2 Anzahl/Struktur der Unternehmen im Einzugsbereich
   2.3 Wohnungsmarkt
   2.4 Strukturentwicklung der sichtbaren Geldkapitalbildung

3. **Gesellschaft und Wirtschaftspolitik**
   3.1 Europäische Integration
   3.2 Steuern und Abgaben
   3.3 Tarifpolitik (+ Arbeitszeitveränderung)
   3.4 Europäische Währungsunion

4. **Gesetzgebung**
   4.1 Risiko (Finanzinnovationen, Eigenkapital, Währungsumstellung)

5. **Wertewandel**
   5.1 Einstellung zur Technik (+ Mobilität)
   5.2 Freizeit und Arbeit (+ Mobilität)
   5.3 Stellenwert Freizeit/Arbeit für den einzelnen

6. **Kundenbedürfnisse**
   6.1 Verfügbarkeit von Leistungen
   6.2 Qualitätsbewußtsein

7. **Wettbewerb**
   7.1 Marktverhalten der VoBa: Leistungsangebot/Preis und Vertrieb/Verkauf
   7.2 Marktverhalten der Großbankentöchter
   7.3 Marktverhalten sonstige

8. **Rolle und Funktion der Sektoren und Verbände**
   8.1 Einflußnahme der Verbände

9. **Verhältnis zur öffentlichen Hand**

10. **Technik**
    10.1 Informationstechnologie
    10.2 Gebäude, Raum, Arbeitsplätze

Im nächsten Schritt galt es, Projektionen für die Einflußfaktoren zu erarbeiten. Gemeinsam wurde der Umfeldbereich „Wettbewerb" mit seinen drei Einflußfaktoren (siehe vorherige Seite) im Plenum erarbeitet, um das Planungsteam mit der Vorgehensweise vertraut zu machen. Anschließend wurden den drei Keingruppe folgende „Hausaufgabe" gestellt, die bis zum nächsten Termin, zwei Wochen später, erledigt sein mußte:

Schritt 5: Nach Abstimmung im Plenum erarbeiten Sie in Ihrer Kleingruppe die Projektionen für die Einflußfaktoren.
– Nutzen Sie die Prinzipdarstellung für Projektionen.
– Bezeichnen Sie die Ordinate und formulieren Sie knapp die verbale Aussage.

Schritt 6: Beschreiben Sie die Indikatoren, aus denen man die Entwicklung ablesen kann.

Schritt 7: Bezeichnen Sie die Quellen, wo man nähere Informationen über die eingeschätzte Entwicklung entnehmen kann.

Schritt 8: Beschreiben Sie in knapper Form die Auswirkungen der projizierten Entwicklung auf Ihr Institut.

Schritt 9: Bezeichnen Sie jene Planfelder, die durch die Auswirkung der Entwicklung betroffen werden.

Die Numerierung der Planfelder:

1. Kundenbedürfnisse
2. Zielgruppen
3. Leistungsangebot
4. Vertrieb
5. Ergebnissteuerung
6. Stellung in der Öffentlichkeit/Image
7. Marketinginstrumente
8. Kooperations-/Verbundpartner
9. Mitarbeiter
10. Organisation/Verwaltung
11. Technik/EDV

Zwei Wochen später wurden die Projektionen im Plenum präsentiert und diskutiert. Das Planungsteam war „geschafft" von den ca. 20 Projektionen, die neben dem Tagesgeschäft erstellt werden mußten. „Eigentlich haben wir für sowas keine Zeit..." Das übliche; wir neigen nunmal dazu, immer das dringende vor dem wichtigen in Angriff zu nehmen. Vor allem wurde bei der morgendlichen Diskussion deutlich, daß noch Unklarheit herrscht, wozu die Erarbeitung von Projektionen dient. Nachdem eine „heiße" Diskussion entbrannte über Sinn und Unsinn von Projektionen, die mit einem eindeutigen „ja" zu dieser Arbeit endete, war das Planungsteam wieder arbeitsfähig. Hier eine Projektion als Beispiel:

Umfeldbereich:	Wirtschaftliche Entwicklung	Nr.: 3
Einflußfaktoren:	Einwohnerzahl Stadt...	Nr.: 3.1

Projektionen: Anzahl der Einwohner

Verbale Aussagen:	Die Einwohnerzahl steigt in geringerem Maße als in der Vergangenheit
Indikatoren:	– Zukünftig weniger Übersiedler – Rückläufige Geburtenraten – Bundesweiter Trend
Quellen:	– Einwohnerstatistik der Stadt
Auswirkungen auf:	– Geringeres Wachstum Kundenanzahl – Auswirkung auf Produktangebot (Struktur Einwohner)
Betroffene Planfelder:	1, 2, 3, 4

Abbildung 16: Projektionen

Die Diskussion der Projektionen war wie zu erwarten lebhaft und turbulent. Die Einschätzung zukünftiger Entwicklungen, insbesondere bei den Einflußfaktoren „Wohnungsmarkt", „Europäische Integration", „Freizeit und Arbeit", „Einfluß(versuche) der Verbände" brachte den bearbeitenden Kleingruppen alles andere als Lorbeeren ein. Die Kritik reichte von „...das stimmt nicht..." bis hin zu „...die Studie sagt etwas anderes...". Diese Widersprüche mußten bis zur Präsentation bei den Entscheidungträgern ausgeräumt werden. Also nochmals Quellen studieren und die Trends überprüfen.

Dort, wo Einigkeit in der Beurteilung der Trendverläufe herrschte, wurden die Kleingruppen zu folgender Aufgabe aufgefordert:

Gruppenarbeit

Nehmen Sie die von Ihrer Gruppe erarbeiteten Projektionen und vergleichen Sie diese mit allen anderen. Bei Widersprüchen kleben Sie einen Punkt und machen einen Vorschlag zur Lösung.

- Zeit: 30 min
- Anschließend Diskussion im Plenum

Das Bangen war groß, daß am Ende viele Punkte kleben würden, was wieder Arbeit für die Kleingruppen bedeuten würde. Aber es handelte sich nur um sechs Einflußfaktoren, die noch einmal diskutiert bzw. mit neuen Quellen überprüft werden mußten. Einige Widersprüche konnten trotz der Prüfung der Kleingruppen nicht beseitigt werden. Die Punkte blieben und die Entscheidungssitzung sollte dazu dienen, durch die Einschätzung der weiteren Führungskräfte und des Vorstandes eine Kärung herbeizuführen.

Die Entscheidungssitzung fand zwei Wochen später statt. Geladen waren Vorstand, zweite Führungsebene, Planungsteam und wir, die diese Veranstaltung moderierten (insgesamt ca. 25 Personen). Vorab wurden allen Teilnehmern die fertigen Projektionen zugesandt. Ferner lag eine Erläuterung des Vorgehens bei der Szenariotechnik bei. Die Teilnehmer wurden gebeten, bis zur Veranstaltung insbesondere die „verbalen Auswirkungen" je Projektion zu überprüfen, offene Fragen zu notieren und natürlich bei anderer Einschätzung der Trendverläufe die Begründung ihrer Annahme in die Diskussion mit einzubringen. Für die Entscheidungssitzung wurde ein halber Tag vorgesehen.

Zeit	Dauer	Thema	Präsentator
14.30	10	**Begrüßung**	Vorstand
	10	Vorstellung Tagesordnung	Externe
	10	Stand des Projektes	Externe
15.00	10	**Vorgehensweise Umfeldanalyse/Szenariotechnik**	Externe
	5	Umfeldbereiche und Einflußfaktoren	NN
	5	1. Bevölkerung (1.1)	NN
	20	2. Wirtschaftsentwicklung (2.1-2.4)	NN
	20	3. Gesellschaft-/Wirtschaftspolitik (3.1-3.4)	NN
	5	4. Gesetzgebung (4.1)	NN
	15	5. Wertewandel (5.1-5.3)	NN
	10	6. Kundenbedürfnisse (6.1-6.2)	NN
	15	7. Wettbewerb (7.1-7.3)	NN
	5	8. Sektoren/Verbände (8.1)	NN
		9. Öffentliche	NN
	10	10. Technik (1-10.2)	NN
	(100)	(Diskussion jeweils im Anschluß an Projektion)	Moderation: Externe
19.15	15	**Zusammenfassung und Verabschiedung**	Externe
		Ausblick	Vorstand
		Anmerkung: NN steht für jeweils ein Planungsteammitglied	

Abbildung 17: Entscheidungssitzung

Die Präsentation der Projektionen erfolgte dann jeweils durch ein Planungsteammitglied. Im Anschluß wurden dann jeweils die Projektionen diskutiert und abgestimmt.

Von den Teilnehmern wurden noch viele hilfreiche Anregungen geliefert, die sowohl Ergänzungen darstellten, aber auch zu Korrekturen der Verläufe führten. Mit Hilfe der Teilnehmerrunde und deren Input konnten schließlich alle Widersprüchlichkeiten aufgelöst werden (...die Klebepunkte).

Der gesamte Zeitaufwand für die Umfeldanalyse betrug in diesem Institut insgesamt:

1 Tag	Die Einführung in die Szenariotechnik, die Definition der Umfelder und der Einflußfaktoren für das Institut, das gemeinsame Erarbeiten eines Beispiels.
14 Tage	Die Erarbeitung von etwa 20 Projektionen in Kleingruppen (Aufwand: ca.fünf Arbeitstage, abhängig von der Anzahl der Projektionen). Hier ist auf einen ausreichenden Zeithorizont zu achten, das heißt es sollten etwa vier Wochen bis zur Abstimmung im Planungsteam zur Verfügung stehen.
2 Tage	Die Abstimmung der Projektionen im Planungsteam.
1/2 Tag	Die Präsentation der Projektionen und die anschließende Abstimmung im Entscheiderkreis.

Kapitel 6

Die Unternehmensanalyse

Die Unternehmensanalyse

Während es bei der Umfeldanalyse darum ging, Faktoren einzuschätzen, die sich im nicht beeinflußbaren Umfeld des Unternehmens entwickeln, geht es in der Unternehmensanalyse darum, das eigene Unternehmen zur Erkennung seiner gegenwärtigen Stärken und Schwächen auf den Prüfstand zu stellen.

Diese Untersuchung basiert sowohl auf harten Daten (wie zum Beispiel betriebswirtschaftliche Kennzahlen) als auch auf qualitativen Aussagen zu bestimmten Unternehmensbereichen. Es handelt sich bei diesem Schritt um die systematisierte Bewertung von Fakten und Hypothesen, die den Ist-Zustand des Unternehmens beschreiben sollen. Um sicherzustellen, daß die Einschätzung der derzeitigen Schwächen von allen maßgeblichen Mitgliedern des Unternehmens geteilt wird, ist die Gesamtbewertung durch die Beratungs- und die Entscheidungsgruppe vorzunehmen. So entsteht eine gemeinsame Sicht der Dinge, ein Entscheidungs- und Handlungsbedürfnis, und daraus die notwendige Initialzündung für Aktivitäten und Änderungen.

Dabei tritt meist der Effekt auf, daß die Verantwortungsbereiche der anderen Führungskräfte negativ, die eigenen aber positiv bewertet werden. So kritisiert der Vertrieb die unzureichende Produktgestaltung durch das Marketing. Das Marketing wieder schreibt mangelnde Verkaufszahlen dem verkäuferischen Unvermögen der Marktbereiche zu. Der Markt wieder stellt der EDV ein schlechtes Zeugnis aus. Die EDV beklagt die zu geringe Nutzung der von der EDV bereitgestellten Möglichkeiten. Kaum ein Unternehmensbereich bleibt hier ungeschoren.

Rundum ergibt dies dann ein multisubjektives und damit ziemlich objektives Bild der Wirklichkeit. Es führt allerdings auch meist dazu, daß der Stärken-Schwächen-Katalog zu einem Schwächen-Schwächen-Katalog wird. An dieser Stelle wackelt meist die Planung. Die Emotionen gehen hoch, weil negative Bewertungen von Ist-Situationen oft als persönliche Angriffe empfunden werden. Hier ist die Rolle eines erfahrenen externen Moderators im engsten Sinne des Wortes gefragt.

Gegenseitiges Zerfleischen in den Planungsgremien könnte in diesem Stadium zu einem – wenn nicht formellen, aber doch faktischen – Abbruch des Planungsprozesses oder zu einer Entmutigung des Managements führen. Einem solchen Unternehmen könnte es wie einer Hummel ergehen: Die Hummel kann gemäß den aerodynamischen Gesetzen nicht fliegen. Der Körper ist zu plump, die Flügel zu kurz, das Gewicht zu schwer. Und dennoch fliegt sie: weil sie die aerodynamischen Gesetze nicht kennt! Aber auf der anderen Seite ist das Überwiegen der Schwächen in der Unternehmensanalyse ein sehr wichtiger Motor für einen erfolgreichen Planungsprozeß. Denn eine solche Situation erzeugt Leidensdruck und damit Handlungsbedarf. Schlimmer sind die Fälle, wo alle Beteiligten einander wohlgefällige Bewertungen geben. Denn Fat and Happy hat noch selten zu einer Aufbruchsstimmung und zu engagiertem Handeln geführt.

6.1 Begriffsbestimmung und Vorgehensweise

Ist-Situationen werden als Stärken bzw. Schwächen formuliert. Dabei gelten folgende Definitionen:

- Als Stärken werden Einflußgrößen verstanden, die langfristig die Verwirklichung des Leitbildes fördern.
- Schwächen sind solche Einflußgrößen, die langfristig die Verwirklichung des Leitbildes gefährden.

Existieren zu bestimmten Fragen keine Aussagen aus dem Leitbild, wird der Vergleich mit den engsten Wettbewerbern des Marktes als Maßstab herangezogen, Aussagen aus der Umfeldanalyse werden mit einbezogen.

Für sämtliche in Kapitel vier aufgeführten Planfelder ist eine

- Bestandsaufnahme interner Daten und Strukturen und deren Entwicklung in der Vergangenheit sowie eine
- Analyse der Entwicklung dieser relevanten internen Größen durchzuführen.

Ergebnis ist ein nach Planfeldern gegliederter Stärken-Schwächen-Katalog (SSK) als Spiegel des Gesamtunternehmens.

Die Aussagen über Ist-Situationen des Unternehmens beruhen in der Regel auf folgenden Informationsquellen:
- Interviews mit Führungskräften und Meinungsbildnern,
- schriftliche Mitarbeiterbefragung mittels Fragebogen,
- Gespräche und Diskussionen mit Informationsgruppen,
- interne (sekundärstatistische) Daten,
- externe Daten (amtliche und Verbandsstatistiken, Statistiken von Interessensvertretungen, wissenschaftliche Arbeiten),
- externe Marktforschungsergebnisse,
- eigene Kundenbefragungen:
  – schriftlich,
  – mündlich.

Die gesammelten und nach Planfeldern systematisierten Aussagen – als Fakten und Hypothesen – werden in einem Bewertungsverfahren durch die Entscheidungsträger des Unternehmens einem Gesamtergebnis, im Sinne einer gemeinsamen Sicht über die Relevanz besagter Stärken und Schwächen, zugeführt.

Nach dem Bewertungsvorgang bildet der Stärken-Schwächen-Katalog einen der Bausteine für die Erarbeitung von Zielen, Strategien und Maßnahmen.

Beispiel eines Bewertungsbogens:

Planfeld:	a)	b)	c)

Stärken/Schwächen konkrete Aussagen, die den Ist-Zustand beschreiben
 	
a) 4 = sehr hoch   b) 4 = sehr klein
   3 = hoch   3 = klein
   2 = weniger hoch 2 = eher groß
   1 = gering   1 = groß
	Zielerreichungs-beitrag (+) Zielgefährdung	Realisierungs- bzw. Behebungs-aufwand	Bewertungs-ergebnis = a x b

Abbildung 18: Ein Bewertungsbogen

6.2 Informationsbeschaffung für den Stärken-Schwächen-Katalog

Die als Input für den Bewertungsvorgang notwendigen Informationen sind systematisch nach Planfeldern zu ordnen. Übergeordnetes Ziel dabei ist eine gemeinsame Sicht der derzeitigen Stärken bzw. Schwächen des Unternehmens pro Planfeld.

Nicht nur in Zahlen verpackte Fakten sondern auch qualitative Fakten, wie zum Beispiel zum Arbeitsklima, sind hier gefragt.

Pro Planfeld sind folgende Fragen zu beantworten und die Aussagen hierzu möglichst sachorientiert zu formulieren:

Planfeld	

Zielgruppen	• Kennen wir unsere Zielgruppen? Sind sie detailliert genug und klar definiert?
	• Sind die erforderlichen Informationen über die Zielgruppen eruierbar und abrufbar?
	• Sind die Zielgruppen so segmentiert, daß sie erreicht werden könnten?
	• Bei welchen Zielgruppen sind wir
	  – zu gering repräsentiert
	  – gerade richtig repräsentiert
	  – zu stark vertreten und engagiert?
	• Bei welchen Zielgruppen haben wir Stammkunden?
	• Wo sind wir Hauptbankverbindung und wo ist unsere Kundenverbindung gefährdet (Absprungpotential)?

Planfeld Kundenbedürfnisse

- Wie gut kennen wir die Bedürfnisse unserer Zielgruppen?
- Erheben wir die Bedürfnisse systematisch und regelmäßig (Motivforschung)?
- Werden die Motive, Einstellungen, Werthaltungen laufend beobachtet und dokumentiert?
- Ziehen wir aus den Untersuchungen Konsequenzen? Bilden die Bedürfnisse unserer Zielgruppen Ausgangspunkt für die Entwicklung und Pflege unserer Produkte?
- Bemerken wir Bedürfnisverschiebungen rasch genug und reagieren wir darauf rasch genug?
- Kennen wir die Prioritätenliste der einzelnen Bedürfnisarten unserer Zielgruppen?
- Sind unsere Zielgruppen psychologisch segmentiert, so daß sie als Grundlage für eine adäquate Motivansprache dienen können?
- Kennen wir die Einstellung der Zielgruppen zu unseren Produkten, zu unserem Image, zu unseren Verkaufsförderungsmaßnahmen, zu unseren Veranstaltungen, zu unserer Werbelinie etc.?

Planfeld Produkte und Leistungen

- Mit welchen Produkten decken wir die Bedürfnisse unserer Zielgruppen sehr gut bzw. zu wenig ab?
- Gibt es Lücken in unserer Leistungspalette, so daß Bedürfnisse unserer Zielgruppen unbefriedigt bleiben (weiße Flecken)?
- Ist die Qualität unserer Produkte im Vergleich zur Konkurrenz geringer, gleich hoch oder höher? Worin besteht der Unterschied?
- Besteht eine systematische Produktentwicklung und -pflege?
- Werden die Produkte aufgrund von Motiv- und Marktforschungsergebnissen als Reaktion auf Konkurrenzaktivitäten entwickelt?
- Bei welchen Produktgruppen trifft die systematische Neuentwicklung, bei welchen Produktgruppen die »Me-too-Haltung« zu?
- Wird die Absatzentwicklung laufend beobachtet und analysiert; werden daraus Konsequenzen gezogen, gegebenenfalls auch Produkte bereinigt?
- Welche Produkte bringen einen ausgezeichneten, einen gerade angemessenen, einen zu geringen Deckungsbeitrag?
- Ist unsere Leistungspalette zu breit aufgefächert oder unter Rentabilitätsgesichtspunkten gerade richtig?

Planfeld Stellung in der Öffentlichkeit/Image

- Wie groß ist unser Bekanntheitsgrad?
- Wie weit werden die in unserem Leitbild festgehaltenen Imageziele bei definierten Zielgruppen verwirklicht?
- Sind wir genügend verankert in den gesellschaftlichen Gruppierungen, so daß die Erreichung unserer Unternehmensziele dadurch gefördert wird?
- Fördert unser Verhältnis zu wissenschaftlichen Einrichtungen, Kirchen, kommunalen Einrichtungen, zu Kunst und Kultur unsere Stellung in der Öffentichkeit?
- Haben wir ausreichenden Kontakt zu den Meinungsbildnern wie zum Beispiel Medien, Vertreter, Verbandsfunktionäre?

Planfeld Vertrieb

- Ereichen wir mit unseren Vertriebswegen die für uns wichtigsten Zielgruppen?
- Ist unser eigenes Geschäftsstellennetz flächendeckend oder gibt es weiße Flächen (wo)?
- Ist die Kundenbetreuung außer Haus gemäß unserem Selbstverständnis intensiv genug?
- Nutzen wir die Chance des direct-mailing ausreichend?
- Setzen wir die Selbstbedienung genügend stark ein, um unsere Kunden vom Routinegeschäft zu entlasten?
- Nutzen wir ausreichend die Möglichkeit von Absatzmittlern und Kooperationspartnern?
- Entspricht unser Verkaufsstil unserem Leitbild?
- Wo bestehen Lücken bei unseren Vertriebswegen?
- Wo haben wir Stärken, wo haben wir Schwächen bei der Nutzung der Vertriebswege?
- Entspricht unser Vertriebsapparat qualitativ und quantitativ den Bedürfnissen unserer Zielgruppen?

Planfeld Ergebnissteuerung	• Wo haben wir Stärken und wo Schwächen bei unserer – Bilanzstruktur, – Liquiditätssteuerung, – G + V-Struktur, – Aufwand und Ertragsplanung, – Kostenstruktur (Personalkosten, Sachkosten)? • Haben wir die für eine rentabilitätsorientierte Kostensteuerung notwendigen Instrumente (zum Beispiel Kontenkalkulation, Kundenkalkulation, Produktkalkulation, Kostenstellenrechnung, Deckungsbeitragsrechnung, Profit-Center-Rechnung)? • Funktioniert die Budgetierung?
Planfeld Organisation/Verwaltung	• Hindert oder fördert die bestehende Aufbauorganisation die Erreichung der Unternehmensziele? • Welche Unternehmensbereiche hindert sie, welche fördert sie? • Ist die Aufbauorganisation klar und transparent? • Gibt es in den Funktionen Überschneidungen, wenn ja, bei welchen; gibt es weiße Flecken, das heißt Funktionen, die von keiner Organisationseinheit wahrgenommen werden? • Sind die Kompetenzen klar? • Werden die Kompetenzen durch die Kompetenzträger ausreichend genutzt? • In welchen Unternehmensbereichen entspricht die Ablauforganisation den nachfolgenden Kriterien, in welchen nicht: – kundenbedürfnisorientiert, – rationell und ökonomisch, – sicher? • Sind Arbeitszeit und Arbeitsplatzgestaltung kunden- und mitarbeiterorientiert? • Ist die Raumplanung systematisch und zeitgerecht? • Ist das formale, schriftliche, mündliche und innerbetriebliche Informationswesen zielorientiert? • Ist die Beschaffung, Instandsetzung und Instandhaltung von Gebäuden, Betriebs- und Geschäftsausstattung für die Unternehmensziele förderlich oder gibt es Schwächen?

Planfeld Kooperationspartner	• Ist der Zweck für die Zusammenarbeit mit unseren Kooperationspartnern definiert und klar, zum Beispiel Ergänzung der Leistungspalette, Vertriebsfunktion, Nutzung von Kostenvorteilen, Risikoverteilung, Nutzung von Know-how? • Entspricht der derzeitige Stand unserer Kooperationen den Aussagen im Leitbild? • Ist das Verhältnis zu den Kooperationspartnern eines des gleichzeitigen Gebens und Nehmens oder bestehen einseitige Vorteile für den Partner oder unser Unternehmen?
Planfeld Marketinginstrumente	• Haben wir bei den folgenden Instrumenten im Vergleich zur Konkurrenz Stärken oder Schwächen und setzen wir sie zielgerecht ein: – Marktforschung, – Konkurrenzbeobachtung, – Produktentwicklung und -pflege, – Preispolitik und Preisgestaltung, – Verkaufsförderungsmaßnahmen, – Werbung, – einheitliches Erscheinungsbild, – Public Relations (Öffentichkeitsarbeit)?
Planfeld Öffentliche Institutionen/ Interessensvertretungen	• Sind wir unserer angestrebten Stellung entsprechend genügend verankert, bei Bund, Ländern, Landkreisen und Gemeinden? • Ist unser Verhältnis zu Verbänden und Behörden so, daß die Erreichung unserer Unternehmensziele gefördert oder behindert wird? • Wie sind wir im eigenen Verband (Bundes- oder Landesverband) repräsentiert? • Werden unsere Interessen ausreichend beim Verband vertreten? • Sind wir bei den Interessensvertretungen wie Kammern, Gewerkschaften, Berufsverbände und Berufsvereinigungen genügend verankert, so daß die Erreichung unserer Unternehmensziele langfristig gefördert wird?

| Planfeld Technik/EDV | • Wie gut entspricht unsere Hardwareausstattung den ablauforganisatorischen Erfordernissen?
• Wie gut sind wir mit Software versorgt?
• Wie gut werden die Möglichkeiten zur Nutzung der EDV als Unterstützung für die Ablauforganisation genutzt?
• Werden die EDV-Systeme langfristig dem Stand der Technik angepaßt oder hinken wir hinter dem Stand her? |

| Planfeld Mitarbeiter | • Wo sehen wir Stärken bzw. Schwächen bei den Mitarbeiterressourcen bezogen auf Quantität und Qualität?
• Entspricht die Mitarbeiterstruktur den mittel- bis langfristigen Anforderungen zur optimalen Erreichung der Unternehmensziele hinsichtlich, Alter, Ausbildung und Qualifikation?
• Zeigt die Personalführung Stärken oder Schwächen bei
– Kommunikation,
– Mitarbeitergespräch,
– Mitarbeiterbeurteilung,
– Beurteilung,
– Entscheidungsfindung,
– Delegation,
– Motivation und Identifikation?
• Werden die Maßnahmen der Personalentwicklung im Hinblick auf die langfristige Entwicklung des Unternehmens ausreichend wahrgenommen, wie zum Beispiel
– Aus-, Fort- und Weiterbildung,
– Laufbahn- und Nachwuchsplanung,
– Personalentwicklung am Arbeitsplatz (job rotation)?
• Führt das betriebliche Vorschlagswesen zur Erhöhung der Motivation und Verbesserung der Arbeitsabläufe?
• Wo gibt es Stärken und Schwächen hinsichtlich der Personalverwaltung (Einstellung, Versetzung, Beförderung, Kündigung, soziale Betreuung, Lohn- und Gehaltsverrechnung, Personalstatistik)?
• Ist das Verhältnis von den Entscheidungsträgern zum Personalrat so, daß es Unternehmensziele sowie Arbeitsklima fördert? |

Positivbeispiel:

Eine mittlere Regionalbank hatte zur Eruierung ihres Abeitsklimas eine Mitarbeiterbefragung durchführen lassen. Danach hat der Marketingbereich eine Kundenbefragung inszeniert. Dem Vorstand wurden beide Befragungsergebnisse präsentiert und dieser erkannte akuten Handlungsbedarf. Um zu vermeiden, daß beide Unternehmensbereiche getrennt voneinander Aktivitäten zur Behebung der Mängel entwickeln, die am Ende nicht zueinander passen, gab er grünes Licht zum Start eines strategischen Planungsprozesses. Im Zuge dieser Arbeiten konnte man auf die Untersuchungsergebnisse zurückgreifen und gut fundierte Aussagen zum Stärken-Schwächen-Katalog treffen.

Strategische Planung bringt Bausteine auf die Reihe und setzt Prioritäten

6.3 Der Bewertungsvorgang im Stärken-Schwächen-Katalog

Die Aussagen je Planfeld werden auf Basis der eingeholten und analysierten Informationen vom Planungsteam möglichst konkret formuliert und in die große Textspalte des gezeigte Bewertungsbogens (siehe Seite 105) eingesetzt. Bei der Formulierung sind bereits vorweggenommene verbale Bewertungen unbedingt zu vermeiden. Allerdings ist dies nicht immer durchzuhalten.

Diese Aussagen werden der Bewertung durch die Beratungs- und Entscheidungsgruppe unterzogen.

1. Beurteilen Sie, ob es sich bei diesem Zustand um eine Stärke oder eine Schwäche handelt und vergeben Sie ein (+) oder (-).

2. Bewerten Sie das Ausmaß der Stärke oder Schwäche mit
   1...sehr klein   2...klein   3...eher groß   4...sehr groß.
   Setzen Sie den Wert mit Vorzeichen in die Spalte *a*.

   Bewertungsmaßstab für das Ausmaß der Stärke bzw. Schwäche ist die Antwort auf die Frage, inwieweit sie die Erreichung des Leitbildes langfristig fördert (= Stärke) oder behindert (= Schwäche). Versuchen Sie ferner, als Vorbereitungsschritt für die Portfolioanalyse diese Stärken und Schwächen in Relation zu den wichtigsten Wettbewerbern einzuschätzen.

3. Schätzen Sie das Ausmaß des Realisierungsaufwandes bei der Stärke, d.h. die Kosten und Anstrengungen, um diese Stärke zum Tragen zu bringen bzw. den Behebungsaufwand bei der Schwäche. Hier ist eine inverse Skala anzuwenden, das heißt: Ist der Realisierungsaufwand für eine Stärke sehr klein, dann erhält diese Stärke in Spalte *b* die Bewertungsziffer 4.

   3...sie ist klein   2...sie ist eher groß   1...sie ist sehr groß.

   Analoges gilt für die Bewertung des Behebungsaufwandes einer Schwäche. Hier reicht die Skala ebenfalls von 4...sehr klein bis 1...sehr groß.

4. Multiplizieren Sie die Bewertung aus der Spalte *a* mit der Bewertung laut Spalte *b* und tragen Sie das Produkt in der Spalte *c* „Bewertungsergebnis" ein.

Das congena-Bewertungsvorgehen empfiehlt folgende Schritte:

Das mögliche Bewertungsergebnis reicht von -16 bis +16. Hohe absolute Werte sagen aus, daß mit einem geringen Aufwand eine Stärke genutzt bzw. eine Schwäche beseitigt werden kann. Für den Planer ist das ein Anhaltspunkt, um im frühen Stadium des Planungsprozesses mit geringem Einsatz einen hohen Effekt zu erzielen. Dabei dürfen aber langfristig jene Schwächen nicht aus den Augen verloren werden, die aus Spalte *a* zwar eine große Schwäche (-4) darstellen, aber durch einen hohen Behebungsaufwand in Spalte *b* (+1) eine aufwendige Beseitigung erwarten lassen. Denn solche Schwächen könnten strategisch wichtig sein.

Der Einsatz dieses Vorgangs zeigt in der praktischen Handhabung, daß Banker sehr gerne mit rechnerischen Größen umgehen. Eskalieren die Konflikte durch gegenseitige schlechte Bewertungen, kann es im Einzelfall vorkommen, daß die Methode als Ventil herhalten muß und für dieses Institut als ungeeignet bezeichnet wird.

Die SSK-Bewertungsklausur benötigt je nach Gruppengröße 1 1/2 bis 2 Tage. Es sollte daher in der Regel ein Abend miteingeplant werden, damit abends in Ruhe offene Probleme bearbeitet werden können.

Auch bei diesem Entscheidungsvorgang ist der Konsens aller Beteiligten anzustreben. Da sich die Meinungen bei diesem Thema leicht verhärten, ist die die mathematische Durchschnittsermittlung ein Hilfsmittel, um schneller zu einer Einigung zu kommen. Dies sollte allerdings nicht der Regelfall sein.

Die Bewertung von den Teilnehmern im vorhinein einzufordern, beschleunigt zwar den inhaltlichen Abgleich, verleitet aber die Teilnehmer dazu, ihre bereits einmal gefaßte Meinung vehement zu verteidigen.

Wenn der SSK in der Spalte zwei, Behebungsaufwand von Schwächen, überwiegend 1 und 2 enthält, kann das ein Zeichen von Widerstand und mangelndem Änderungswillen sein. Man schätzt den Behebungsaufwand so hoch ein, daß es sich kaum lohnt, etwas dagegen zu unternehmen.

Vom Umfang her sollte man beachten, keine „galaktischen" Werke zu produzieren. Als Richtschnur sollte angepeilt werden, pro Planfeld im Durchschnitt etwa fünf Aussagen zu formulieren. Da es in den Planfeldern „Mitarbeiter", „Zielgruppen" und „Leistungsangebot" sicher mehr sein werden, sollte man bei anderen Planfeldern an Aussagen sparen. So kann der Bewertungs- und Entscheidungsvorgang übersichtlich gestaltet und die strategische Relevanz hervorgehoben werden.

6.4 Beispiele aus der Praxis

Negativbeispiel:

Eine große Bank in Nordrhein-Westfalen nahm sich neun Moante für das Durchlaufen eines strategischen Planungsprozesses Zeit. Die Unternehmensanalyse wurde auf Basis von Einzelinterviews durchführt. Die Interviewpartner wurden nach dem Random-Verfahren aus allen

Ebenen und Unternehmensbereichen ausgewählt. Für die Aussagen wurde strikte Anonymität zugesagt. Als im SSK die Aussage zur Charakterisierung des Führungsstils auftauchte, ließ der Vorstandsvorsitzende die externen Berater, die die Interviews durchführten, rufen. Er verlangte die Aufhebung der Anonymität mit den Worten: „Wenn Sie uns nicht Roß und Reiter nennen, brechen wir das Projekt sofort ab". Selbstverständlich nannten wir weder Roß noch Reiter, und das Projekt wurde dennoch zu Ende geführt. Nach der Bewertung des SSKs war die heikelste Hürde genommen. Die Strategien bezogen sich natürlich auch auf Personalentwicklungsmaßnahmen, die aber den Vorstandsvorsitzenden leider nicht einschlossen.

Positivbeispiel:

In einer norddeutschen Sparkasse mittlerer Größe konnte der Stärken-Schwächen-Katalog innerhalb von fünf Teamtagen und zusätzlich etwa drei Arbeitstagen „Hausaufgaben" erarbeitet werden. Aufgrund des hochkarätigen Planungsteams – hauptsächlich Führungskräfte der zweiten Ebene – konnte sogar die Bewertung der Stärken und Schwächen schon im Planungsteam erfolgen: „...der Vorstand hat Vertrauen in uns..." Das Vorgehen war folgendermaßen:

1. Tag: Einführung in die Erarbeitung des Stärken-Schwächen-Katalogs

---

Erarbeiten des Stärken-Schwächen-Katalogs: Aufgabe an die Gruppen:

- Planfeldsystematik als Analyserater für SSK verwenden,
- Checkliste zur Unterstützung nutzen,
- konkrete Aussagen formulieren (max. fünf je Planfeld),
- Aussagen müssen objektiv nachvollziehbar sein (Quellen zitieren),
- möglichst wertfrei formulieren,
- Aussagen in drei Kleingruppen formulieren,
- Bewertung gemeinsam im Planungsteam durchführen.

Ergebnis: gemeinsame Sicht vom Ist-Zustand als Ausgangspunkt für die Strategieentwicklung.

Dem Planungsteam wurde dann für die Formulierung der Aussagen eine Checkliste (siehe Seite 130 ff) als Hilfestellung zur Verfügung gestellt. Mit Hilfe der Checkliste wurde unter unserer Moderation ein Beispiel erarbeitet. Die Planfelder wurden anschließend auf drei Kleingruppen verteilt. Diese hatten vier Wochen Zeit, für die ihnen zugeteilten Planfelder die Aussagen zu formulieren. Da im laufenden Jahr sowohl eine Kunden- als auch Mitarbeiterbefragung durchgeführt worden war, lag für die Arbeit genügend aktuelles Datenmaterial vor.

Vier Wochen später wurden innerhalb von drei Projekttagen sowohl die Formulierungen im Plenum abgestimmt als auch die Bewertung durchgeführt. Die Bewertung (siehe Seite 106, Bewertungsvorgang) ging anfangs schleppend vor sich. Dies lag daran, daß sich einige Führungskräfte „auf den Schlips" getreten fühlten, wenn die Gruppe einen Ist-Zustand als Schwäche bewertete, der in den Zuständigkeitsbereich der Führungskraft fiel. Aber es traf alle, keiner blieb verschont! Des weiteren war anfangs noch ein „Rangeln" um die „1, 2, 3, 4". Was heißt eine „3"? Und halten wir das für alle Aussagen durch? Nach den ersten zwei Planfeldern hatte sich das Planungsteam bei der Bewertung eingependelt. Abends stellte sich die Frage, was das Entscheidungsgremium zu diesen Bewertungen sagen würde. Allen Beteiligten war klar, daß die Führungskräfte dieses Gremiums und auch der Vorstand sich sicher „...auch nicht anders benehmen als wir..." und entsprechend eine konfliktreiche Entscheidungssitzung bevorstand. Deshalb lag dem Planungsteam auch viel an einer intensiven Vorbereitung. Emsig wurden Quellen zusammengesucht, Daten auf Folien festgehalten und ganze Argumentationsketten gebaut.

Die Entscheidungssitzung (eineinhalb Tage) verlief wie vorausgesehen. Sie war mit Abstand die lebhafteste in diesem Projekt! Womit keiner gerechnet hatte, war, daß ausgerechnet Aussagen zum Informationswesen (basierend auf der Mitarbeiterbefragung) zu heftigen Auseinandersetzungen führten. Andererseits, welche Führungskraft hört schon gerne, daß die Informationspolitik des Hauses aus Sicht der Mitarbeiter zu wünschen übrig läßt? Aber auch hier konnte trotz langer Diskussion eine Einigung in der Bewertung erzielt werden – einfach *congenial*.

Insgesamt ist der Großteil der Bewertungen des Planungsteams akzeptiert worden; einige Werte wurden noch verändert, aber keine Schwäche hat sich zu einer Stärke „gemausert" oder auch umgekehrt!

Kapitel 7

Das strategische Konzept: Zielrichtungen und Strategien

Das strategische Konzept: Zielrichtungen und Strategien

In der congenialen Planung ist das strategische Konzept Ergebnis eines integrativen Prozesses, der alle Unternehmensteile umfaßt. Das heißt: Im Gegensatz zu manchen Autoren beziehen sich Strategien nicht nur auf das Marktgeschehen, sondern erfassen auch den gesamten Betriebsbereich sowie das gesellschaftspolitische Umfeld.

Dank der Vorarbeit, die wir in den vorangegangenen Schritten geleistet haben, können wir die einzelnen Bausteine, wie Leitbild, Szenario und Stärken-Schwächen-Katalog wie ein Mosaik zu einem Gesamtbild, dem strategischen Konzept, zusammenfügen. Als Grundraster für diese interessante Arbeit dient wieder unsere Planfeldsystematik, die uns die innere Logik der Konzepterstellung vorgibt.

Planfeld für Planfeld, und zwar auf der Scheibe von innen nach außen, holen wir uns die Ergebnisse in Form von bewerteten Aussagen aus Leitbild, Szenario und SSK und formulieren in einem Kreativprozeß die im jeweiligen Planfeld anzustrebenden Zielrichtungen. In diesem Stadium sind diese noch nicht quantifiziert. Es handelt sich also um qualitative Aussagen mit einem Zeithorizont von etwa fünf Jahren.

Bei der Entwicklung der Zielrichtungen ist besonders auf die Stimmigkeit mit allen anderen Zielrichtungen zu achten. Man sollte bei dieser Arbeit versuchen, Synergieeffekte zu finden. Die Summe der Zielrichtungen in Form des Strategischen Konzeptes sollte mehr sein als nur die Addition der Maßnahmen.

7.1 Das Vorgehen bei der Strategieentwicklung

Eine Prinzipdarstellung der Strategieentwicklung sieht folgendermaßen aus:

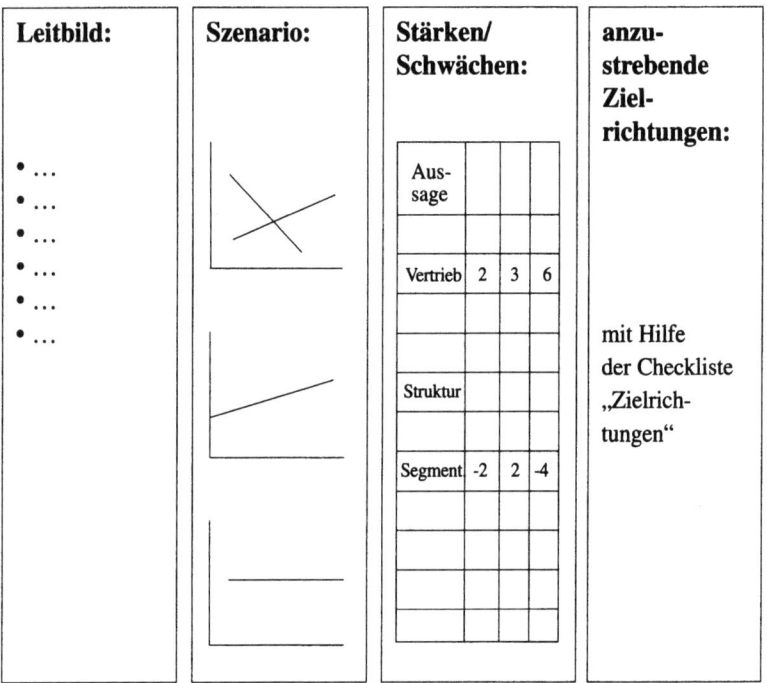

Abbildung 19: Prinzip der Strategieentwicklung

Die Fragen, die dahinterstehen lauten: Wie können wir
- Stärken nutzen, Schwächen reduzieren,
- Umfeldentwicklungen nutzen, Gefahren begegnen,
- das Leitbild verwirklichen?

Dabei sind die Auswirkungen der bereits erarbeiteten Zielrichtungen in den inneren Feldern der Planfeldscheibe auf die zu planenden äußeren Felder zu berücksichtigen.

Zur Wahl des zweckmäßigsten Detaillierungsgrades hilft die nachfolgende Begriffshierarchie. Diese haben wir in Übereinstimmung mit den meisten Planungsautoren, vor allem aber aus unserer Erfahrung in der Zusammenarbeit mit Praktikern entwickelt. Unter Zuhilfenahme der Beispiele ist diese Terminologie für jede Führungskraft einleuchtend und im Alltag handhabbar.

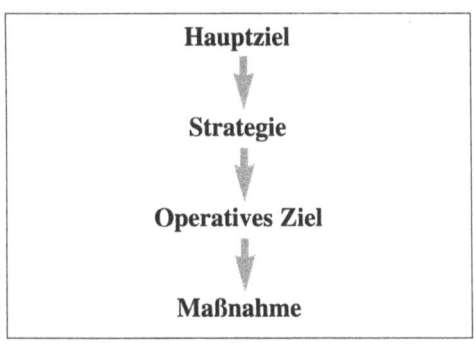

Abbildung 20: Begriffshierarchie

Die Hauptziele könnten heißen:

- Welchen Beitrag wollen wir zu den Gesamtunternehmenszielen leisten?
- Gewünschter, allgemein beschriebener Zustand, der erreicht werden soll: Beschreibung des Zustandes und nicht der Tätigkeit.

Beispiele für Hauptziele sind:

- statt: Steigerung des Spareinlagenvolumens –
  beherrschender Marktanteil bei Spareinlagen
- statt: Prüfung von Bonitäten –
  geringe Ausfälle
- statt: vermehrte Schulung und Weiterbildung –
  anforderungsgerechte Qualifikation
- statt: Forcieren von PR-Veranstaltungen –
  gutes internationales Image bei ausländischen Banken

Die Strategie fragt:
Auf welchen grundsätzlichen Wegen soll das Hauptziel erreicht werden? Beispiele für Strategien sind z.B. für das Hauptziel „beherrschender Marktanteil bei Spareinlagen".

- *neue Produkte*
- *neue Vertriebswege*
- *Kundengewinnung*
- *Werbung/PR*
- *Verkaufsförderungsaktionen*

Das operative Ziel behandelt die Frage:
Welcher quantifizierbare bzw. genau beschriebene Zustand soll bis wann erreicht werden?
Beispiele für operative Ziele sind:

- *Marktanteil bei Spareinlagen x Prozent bis 31.12.*
- *Neues Sparprodukt wird bis 30.9. in den Markt eingeführt.*
- *Unsere angestrebte Imagefacette „innovativ" soll bei x Prozent der Bevölkerung bis 31.12. verankert sein (gestützter Wert).*
- *Alle Mitarbeiter im Marktbereich haben bis 31.12. ein Verkaufstraining absolviert.*
- *Alle Führungskräfte der ersten bis dritten Ebene haben bis 31.12. das Instrument der Führungsstilanalyse genutzt.*

Und für die Maßnahmen sind folgende Fragestellungen notwendig:
- *Welche Einzelhandlungen sind notwendig*, um das operative Ziel zu erreichen?
- *Wer ist verantwortlich* für die Durchführung?
- *Wann* soll die Durchführung *abgeschlossen* bzw. überprüft werden?
- *Welcher Personaleinsatz* in Arbeitstagen ist erforderlich?
- *Welche Sachmittel bzw. -kosten* sind dafür erforderlich?
- Von *welchen anderen Stellen* des Hauses ist welche Art der *Mitwirkung* erforderlich?

Maßnahme	wer?	bis wann?	Sach-/Personalaufwand		Mitwirkung zugesagt von
Verkaufstraining für Marktmitarbeiter			in TDM	in AT	
• Bestimmung des Teilnehmerkreises und der Lernziele	N.N./Pers.	1.9.		2 AT	Vkf
• Einladung der Trainer zur Angebotserstellung	N.N./Pers.	1.9.		1 AT	
• Entscheidung über Trainer und Lerninhalte	N.N./Pers.	2.9.		1 AT	Vkf
• Festlegung von Ort, Zeit und technisch organisatorischen Rahmenbedingungen	N.N./Pers.	2.9.		1 AT	Vkf
• Einladung der Teilnehmer	N.N./Pers.	2.9.		1 AT	
• Betreuung der Trainingsdurchführung	N.N./Pers.	6.9.	560	6 AT	
• Einholen und Auswerten des Feedbacks der Teilnehmer	N.N./Pers.	7.9.		1 AT	
• Erarbeiten von Follow-up-Vorschlägen	N.N./Pers.	8.9.		2 AT	Vkf
			560	15 AT	

Abbildung 21: Beispiel für einen Maßnahmen-Entwicklungsbogen
Operatives Ziel: Alle Mitarbeiter haben bis 31.12. ein Verkaufstraining absolviert.

7.2 Der Einsatz der Portfoliomethode für ausgewählte Planfelder

Für die Erarbeitung der Zielrichtungen in den Planfeldern „Zielgruppen", „Leistungsangebot" und für Teile der „Ergebnissteuerung" setzen wir die Portfoliomethode ein. Als eine Untergliederung und Kombination der Planfelder werden strategische Geschäftseinheiten gebildet. Sie sind eine Kombination aus Zielgruppen und der durch diese am meisten nachgefragten Produkte. Hauptgliederungs- und Kombinationskriterien sind homogene Bedürfnisse der Nachfrager und eine homogene Wettbewerbssituation. Durch diese Voraussetzungen hat sich in der deutschsprachigen Bankenlandschaft eine ziemlich einheitliche Segmentierung herauskristallisiert.

Die häufigsten Segmente sind drei, nämlich ein „unteres", „mittleres" und „oberes" bei den Privatkunden, ebenso drei Segmente bei den Firmenkunden und meist noch ein bis zwei für Großkonzerne und Institutionen. Darüber hinaus gibt es je nach Hauptgeschäftsschwerpunkten der Institute zwei bis drei produktorientierte Segmente, wie Wertpapiergeschäft, Auslandsgeschäft, Zahlungsverkehr und Electronic Banking.

Die Zeit der Inflation von strategischen Geschäftseinheiten ist vorüber. Die Chemical Bank New York hantierte Anfang der 80er Jahre mit 128 SBUs (Strategic Business Units) herum. Heute haben die meisten deutschen Institute um die zehn strategischen Geschäftseinheiten (SGE). Man erkennt hier die Konzentration auf das Wesentliche.

Nach der Bildung der SGE werden diese in eine Matrix eingeordnet, deren Y-Achse die Marktattraktivität und deren X-Achse die Wettbewerbsvorteile darstellt.

Was Kreditinstitute gewöhnlich unter diesen Begriffen verstehen, ist im Nachfolgenden erläutert. Selbstverständlich muß jedes Institut die für sich relevanten Kriterien herausgreifen und definieren. Im allgemeinen genügen jedoch die hier dargestellten Kriterien.

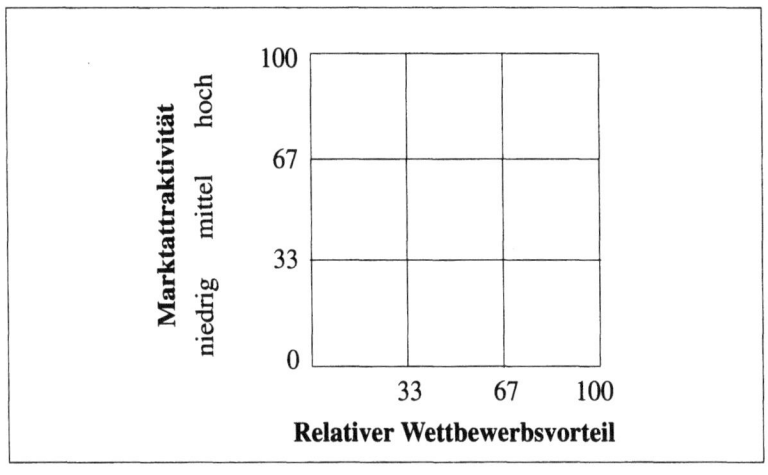

Abbildung 22: Das Markt-/Produktportfolio (1)

Marktattraktivität setzt sich dabei aus folgenden Aspekten zusammen:

- Marktwachstum und Größe:
  - Volumina,
  - Jahresdurchschnittlicher WR.
- Marktqualität:
  - erzielbare Deckungsbeiträge,
  - Stellung im Markt-Produkt-Lebenszyklus,
  - Spielraum für Preispolitik,
  - Wettbewerbsintensität,
  - Anzahl und Struktur potentielle Kunden,
  - Verhaltensstabilität,
  - Eintrittsbarrieren,
  - Substitutionsmöglichkeiten,
  - Technisches Niveau und Innovationspotential.
- Refinanzierungs- und Veranlagungsmöglichkeiten:
  - Zugang zu in- und ausländischen Geld- und Kapitalmärkten,
  - Primärmittelsituation,
  - Auswirkung der eigenen Aktion,

- Umfeldsituation:
  - Abhängigkeit von internationalen Finanzmärkten,
  - Konjunkturabhängigkeit,
  - Risiko staatlicher Eingriffe,
  - Abhängigkeit von der öffentlichen Meinung,
  - rechtliche Restriktionen.

Relative Wettbewerbsvorteile berücksichtigen folgende Aspekte:

- Relative Marktposition:
  - Marktanteil,
  - Entwicklung des Marktanteils (mittelfristig),
  - Marketingpotential.

- Relatives Vertriebspotential:
  - Vertriebsnetz,
  - Zielgruppenverankerung.

- Relatives Produktionspotential:
  - Kostenvorteile aufgrund der Aufbau- und Ablauforganisation,
  - ungenutzte Rationalisierungspotentiale,
  - Automatisierungsgrad der Arbeitsabläufe,
  - Deckungsbeitrag II,
  - Steuerungsinstrumente.

- Relative Produktqualität:
  - Abwicklungsgenauigkeit, -schnelligkeit,
  - Qualität der Bedürfnisbefriedigung (Beratung, Betreuung, Service).

- Relatives Innovationspotential:
  - Häufigkeit der Einführung neuer Produkte/Leistungen,
  - Strategische Alternativpläne,
  - Effizienz des Projektmanagements.

- Relative Personalqualifikation:
  - Mitarbeiter (Fachwissen),
  - Führungsqualität und Stil.

- Relative Finanzkraft des Unternehmens:
  - Betriebserträge je Mitarbeiter,
  - Cash-flow in % der d.B.S.,
  - Haftkapitalquote laut KWG,
  - Personalkostenintensität (in % der d.B.S).

Die Strategischen Geschäftseinheiten sind nun in diese Matrix einzuordnen. Diese Aufgabe erarbeitet das Planungsteam in Abstimmung mit den anderen Planungsgruppen. Es ist wieder ein Bewertungsvorgang, der sich allerdings an den Aussagen und Bewertungen des Stärken-Schwächen-Katalogs orientieren kann. Ergebnis ist das sogenannte Ist-Portfolio, das in neun Felder aufgeteilt wird. Je nachdem, wo die bewertete SGE ihre Position in der Matrix hat, wird sie einer Kategorie zugeordnet, die bestimmte „Basisstrategien" erfordert.

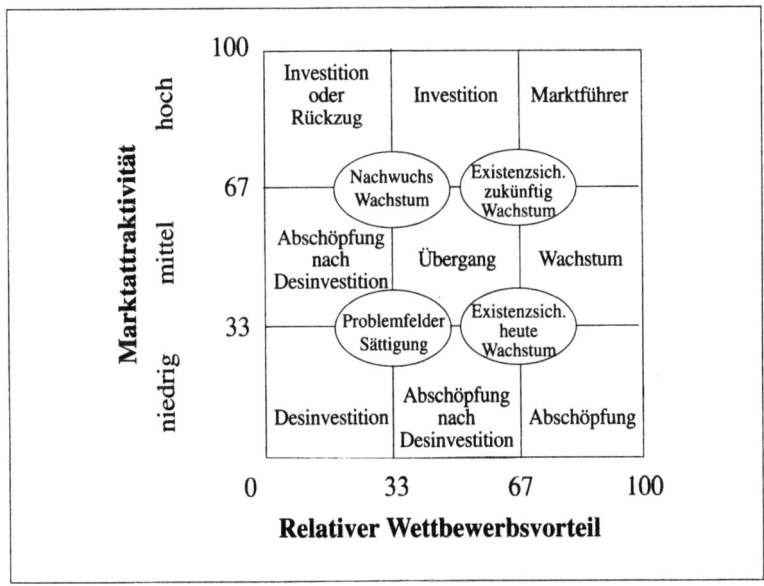

Abbildung 23: Das Markt-/Produktportfolio (2)

Bekanntlich sind die SGEs im linken obersten Feld die sogenannten „Fragezeichen". Hier haben sich die Strategen die Frage zu stellen, ob sie angesichts der hohen Marktattraktivität investieren sollten, um ihre Wettbewerbsvorteile zu erhöhen. Investitionen in die Produktgestaltung, in den Vertrieb, in das Marketing etc. können dafür in Erwägung gezogen werden. Eine Verschiebung der Position in der Matrix kann bei mittleren und kleinen Kreditinstituten fast nur in der Horizontalen erfolgen. Das bedeutet, daß das Institut durch obige Strategien in der Lage ist, seine Wettbewerbsposition zu verändern, aber wohl kaum die Marktattraktivität der SGE.

Durch solche Investitionen könnte das Institut erreichen, daß die SGE in das rechte oberste Feld gelangt. Sie nimmt nun die Position eines „Stars" ein, der noch immer hohe Marktattraktivität genießt und zudem auch noch über einen recht großen Wettbewerbsvorteil verfügt. Die in dieser Position empfohlenen Basisstrategien sind Haltestrategien, die dazu dienen, den Abstand zum Wettbewerb möglichst lange zu halten. Differenzierungsstrategien durch Kommunikation und Werbung sowie Produktweiterentwicklungen sind empfehlenswert. Naheliegend ist in dieser Position, daß der Wettbewerb ebenfalls in dieses Feld mit großen Anstrengungen hineindrängt. Der Konkurrenzdruck wird stärker, die Konditionen weniger attraktiv. Das bedeutet: Die SGE sinkt sukzessive in das rechte unterste Feld, bis sie die Position der bekannten sogenannten „Cash-Kuh" einnimmt. Hier sind die zu erzielenden Deckungsbeiträge noch immer sehr hoch. Es sind keine Offensivstrategien mehr zweckmäßig, sondern vielmehr beschränkt man sich auf Defensivstrategien. Man zieht langsam mit dem Wettbewerb – zum Beispiel was Konditionen anbelangt – mit und tätigt in diese SGE keine großen Investitionen mehr. Das geht solange, bis der bis dahin noch bestehende Wettbewerbsvorteil verlorengegangen ist. Inzwischen ist auch dieser Markt unattraktiv geworden. Die Deckungsbeiträge schrumpfen, bis sich der Stratege zur sogenannten „Desinvestition", also zum Rückzug entscheidet. Die SGE ist im linken untersten Feld zur „Ente" oder zum „Hund" geworden, wo sie schließlich aus dem Portfolio genommen wird.

Im Arbeitsverlauf erstellt das Planungsteam das Ist-Portfolio und stimmt es mit den Planungsgremien ab. Beim Positionieren der SGEs in die Matrix spielt der Durchmesser der jeweiligen SGE auch ein Rolle. Mit dem Kreisdurchmesser werden meist das Geschäftsvolumen, zum Beispiel aktiv- und passivseitige Geschäftsvolumina mit der jeweiligen Zielgruppe, oder der in dieser SGE erzielten Deckungsbeiträge zum Ausdruck gebracht. Dann wird das anzustrebende Soll-Portfolio auf Basis der Erkenntnisse aus dem Szenario und dem Stärken-Schwächen-Katalog erstellt. Der Weg vom Ist- zum Soll-Portfolio kann mit Hilfe der beschriebenen Basisstrategien oder weiteren zu entwickelnden Strategien überbrückt werden. Auch das Soll-Portfolio mit den dafür erarbeiteten Strategie- und Zielrichtungsvorschlägen wird mit den Planungsgremien abgestimmt.

Wie wir sehen, liefert die Portfoliomethode Anhaltspunkte, welche Strategien in den congenialen Planfeldern „Zielgruppen", „Leistungsangebot" und „Ergebnissteuerung" zu fahren sind. Sie empfiehlt, daß jedes Unternehmen den Ausgleich seines Portfolios anstreben sollte. Das heißt: Es sollten immer genügend „Stars" und „Cash-Kühe" im Portfolio sein, die die Investitionen für die „Stars" finanzieren.

Die dargestellten Felder in den Ecken der Matrix sind hinsichtlich der zu entwickelnden Strategien ziemlich eindeutig. In der Diagonale von der linken oberen Ecke hin zur rechts unten liegenden Ecke empfehlen sich sogenannte Selektivstrategien. Es ist also von Fall zu Fall zu entscheiden, ob man investieren oder desinvestieren soll.

Sind nun die Basisstrategien für die Planfelder Zielgruppen und Produkte entwickelt, schreitet man im Sinne der Planfeldscheibe fort, Zielrichtungen für alle anderen Planfelder vom Inneren des Kreises nach außen zu erarbeiten. Immer wieder ist auf Übereinstimmung und mögliche Synergieeffekte mit bereits entwickelten Strategien zu achten.

Zur Unterstützung für die Planungsarbeit zeigen wir nachfolgend eine Checkliste, die für alle Planfelder, also auch für Zielgruppen, Produkte und Ergebnissteuerung zusätzlich angewandt werden kann. Sie ist das Ergebnis aus etwa 40 strategischen Projekten und soll als Anregung für die Kreativität der Planenden dienen (siehe Folgeseiten).

7.3 Checkliste für das Erarbeiten von Zielrichtungen

(Aussagen zu den folgenden Punkten sollten getroffen werden)

- **Zu Planfeld Zielgruppen:**
  - Was soll getan werden, um die Zielgruppen besser zu identifizieren als Grundlage für deren bessere Erreichung?
  - Welche Zielgruppen bzw. strategischen Geschäftseinheiten sollen forciert,
  - welche eingeschränkt,
  - welche beibehalten werden?

- **Zu Planfeld Kundenbedürfnisse:**
  - Kennen wir die Bedürfnisse unserer Zielgruppen?
  - Was soll im allgemeinen zur Ermittlung der Kundenbedürfnisse getan werden?
  - Auf welche Problembereiche ist bei Markt- und Motivforschung Schwerpunkt zu legen?

- **Zu Planfeld Produkte/Leistungen:**
  - Welche Produktgruppen bzw. strategische Geschäftseinheiten sind zu forcieren bzw. einzuschränken/zu belassen?
  - Welche Basisstrategien sind bei den strategischen Geschäftseinheiten zu verfolgen:
    - Investitions- und Wachstums- sowie Erhaltungsstrategien, z.B.:
      - Steigerung von Marktanteilen bereits vorhandener Produkte,
      - Angebot neuer Bankleistungen an schon angesprochene Zielgruppen,
      - Angebot bereits vorhandener und/oder neuer Bankleistungen an neue Abnehmergruppen (Steigerung der Marktattraktivität),
      - Erhaltung der Marktposition, d.h. ausschließliche Durchführung von „Ersatz"-Investitionen wie Erinnerungswerbung (Beibehaltung der Positionierung).

- Abschöpfungs- und Desinvestitionsstrategien, zum Beispiel:
  ○ Bereinigung der Angebotspalette,
  ○ Reduzierung der Ressourcenzuteilung,
  ○ „Gesundschrumpfen",
  ○ totale Aufgabe des Geschäftsfeldes.

- **Zu Planfeld Öffentlichkeit/Image:**
  - Was soll getan werden, um das im Leitbild ausgedrückte Image besser bei den Zielgruppen zu verankern?

- **Zu Planfeld Vertrieb:**
  - Zusätzliche Erschließung bestimmter Vertriebswege, Auflösung bestimmter Vertriebswege, Verbesserung und Aktivierung bestimmter Vertriebswege:
  - Vertriebswege In-/ Ausland,
  - bestimmte Vertriebswege für bestimmte Kundengruppen,
  - spezifischer Verkaufsweg soll gepflegt werden,
  - Definition des Servicegrades (soll dieser beibehalten werden?),
  - Verkaufsförderungsmaßnahmen/Akquisitionsbestrebungen.

- **Zu Planfeld Ergebnissteuerung:**
  - Welche Bilanzstruktur soll angestrebt werden über die Erfüllung der KWG-Grundsätze hinaus:
    ○ auf der Aktivseite?
    ○ auf der Passivseite?
    ○ beim Dienstleistungsgeschäft?
  - Inwieweit ist das nicht bilanzwirksame Geschäft zu forcieren?
  - Welches Verhältnis soll zwischen Inlands- und Auslandsgeschäft angestrebt werden?
  - Welche Mittel der Liquiditätssteuerung bzw. Feinsteuerung sollen eingesetzt werden?
  - Soll die Kostenstruktur geändert werden?
  - Welche Kostensenkungsstrategien sollen gefahren werden?
  - Sollen Prognosesysteme für die Aufwands- und Ertragsplanung ein-

geführt werden (Produktkalkulation, Deckungsbeitragsrechnung, Profitcenter-Rechnung)?
- Welche Größen sollen grundsätzlich budgetiert werden?
- Welche Strategien sind hinsichtlich Risikosteuerung zu verfolgen?

- **Zu Planfeld Organisation/Verwaltung:**
  - Festlegung der Gestaltungskriterien bei der Aufbauorganisation (zum Beispiel Zielgruppen oder Produktgruppen).
  - Vermeidung von Schnittstellen, Überschneidungen und weißen Flecken.
  - Auf welchen Gebieten sind ablauforganisatorische Änderungen inklusive EDV notwendig?
  - Wo soll zentralisiert, wo dezentralisiert werden?
  - Wie soll die Gebäude- und Raumplanung grundsätzlich aussehen?
  - Was ist hinsichtlich des innerbetrieblichen Informationssystems im allgemeinen zu tun?
  - Sind generelle Zielrichtungen in puncto Beschaffung, Instandhaltung, Instandsetzung anzustreben?
  - Welche Prinzipien sind in puncto Auslagerung von Dienstleistungen versus Autonomie durch Selbststeuerung anzustreben?

- **Zu Planfeld Kooperationspartner:**
  - Unter welchen Gesichtspunkten sollen grundsätzlich Kooperationen eingegangen werden?
  - Aus welchen Sektoren bzw. Branchen kommen in erster Linie Kooperationspartner in Frage?
  - Mit welchen Mitbewerbern ist eine Kooperation auszuschließen? - auf welchen Gebieten soll kooperiert werden?
  - Wer sind die Hauptmitbewerber?
  - Wie soll das Verhältnis zur Konkurrenz sein?

- **Zu Planfeld Marketinginstrumente:**
  - Welche Instrumente sollen stärker als bisher bzw. gezielter eingesetzt werden:
    o Produktentwicklung,
    o Verkaufsförderung,
    o Werbung?
  - Welche Werbemedien sind zu forcieren, welche Schwerpunkt bei Produkt- oder Institutswerbung zu sehen?
  - Welcher Stil soll gepflegt werden?
  - Welche Marketinginstrumente sind stärker auszubauen?
  - Welche sind eher einzuschränken: Marktforschung, Produktentwicklung, Pflege, Preispolitik, Verkaufsförderung, Werbung, Public Relations?

- **Zu Planfeld öffentliche Institutionen und Interessenvertretungen:**
  - Mit welchen Institutionen und Interessenvertretungen soll die Zusammenarbeit verstärkt werden?
  - Mit welchen ist die Zusammenarbeit zu vermeiden?
  - Zu welchem Zweck soll die Zusammenarbeit forciert werden?

- **Zu Planfeld Technik/EDV:**
  - Auf welchem Gebiet wollen wir Technik verstärkt einsetzen?
  - Zu welchem Zweck soll Technik verstärkt eingesetzt werden?
  - Wollen wir in der EDV Vorreiter sein oder eher Risikovermeidungsstrategien auf dem EDV-Sektor verfolgen?

- **Zu Planfeld Mitarbeiter:**
  - Woran soll sich der quantitative und qualitative Personalbedarf ausrichten?
  - Welche Ziele sind bei der Mitarbeiterstruktur anzustreben? Schwerpunkte einer Umstrukturierung?
  - Was ist zu unternehmen hinsichtlich Anforderungsprofilen, Stellenbeschreibungen, Arbeitsplatzbewertung?

- Welche Auswahlverfahren sollen eingeführt werden, welche Beurteilungssysteme?
- Was ist hinsichtlich Personalführung zu unternehmen? Welcher Führungsstil ist anzustreben? Was sollen die hervorragenden Elemente des neuen Führungsstils sein
- Welche Grundsätze sollen hinsichtlich Aus-, Fort-, Weiterbildung Gültigkeit haben?
- Was ist hinsichtlich Laufbahn- und Nachwuchsplanung zu unternehmen?
- Welche Personalentwicklungsmaßnahmen am Arbeitsplatz sollen in den nächsten Jahren forciert werden?
- In welche Richtung soll das Gehaltssystem weiterentwickelt werden?
- Welche von den nachfolgenden Instrumenten sollen entwickelt bzw. geändert werden:
  ○ betriebliches Vorschlagwesen,
  ○ Qualitätszirkel,
  ○ soziale Einrichtungen?
- Wie soll das Verhältnis zum Personalrat/Betriebsrat in den nächsten Jahren gestaltet werden?

Am Ende dieser Phase steht ein langfristiges strategisches Konzept, das zu allen Unternehmensbereichen qualitative Aussagen bezüglich den anzustrebenden Zielrichtungen enthält.

Dieses Konzept wird im Planungsteam vorbereitet, den Planungsgruppen laut Kapitel eins präsentiert. Hier muß jeweils demonstriert werden, auf welchen Informationen und Vorarbeiten die jeweilige Strategie fußt. Denn sie muß Schwächen verringern und/oder Stärken nutzen helfen und/oder muß drohenden Umfeldentwicklungen laut Szenario begegnen und/oder günstigen Rückenwind aus dem Umfeld nutzen, alles um schließlich das Unternehmensleitbild langfristig zu verwirklichen.

Nach der Verabschiedung durch die Gremien kann die mit der Vermittlung des Strategischen Konzeptes an die Mitarbeiter begonnen werden. Es wartet nun noch ein gutes Stück Arbeit auf die Planungsgremien, denn die Vermittlung per Vorstandsrundschreiben ist unserer Erfahrung nach nicht sehr zielführend.

Nun ist der Zeitpunkt gekommen, an dem es an die Verwirklichung des Konzeptes geht. Hier ist der wichtige Übergang von der Strategischen zur Operativen Planung.

7.4 Beispiele aus der Praxis

Negativbeispiel A:

Strategisches, streng geheimes Schubladenkonzept:

In einer der größten Sparkassen Österreichs erarbeitete der Vordenker und Ghostwriter des Vorstandsvorsitzenden jahraus und jahrein langfristige Unternehmenskonzepte. Niemand kannte sie. Nur der Autor im Vorstandssekretariat und sein Chef. Sie waren so streng geheim, daß man sie vor dem Lesen verbrennen mußte. Hin und wieder waren sie die Quelle eines Vortrages vor deutschen Vorstandsmitgliedern der Großsparkassen.

Direktiver Führungsstil

Entgegen dem nach außen getragenen Image eines sehr partizipativen Führungsklimas, auf das auch der demonstrative joviale Umgangston quer durch alle Ebenen schließen ließ, herrschte ein ziemlich direktiver Führungsstil. Entscheidungsfindung und Zielbildung waren den obersten Ebenen vorbehalten.

Später wurden strategische Überlegungen und Konzepte einem größeren Kreis zugänglich gemacht. Dieser beschränkte sich aber noch immer auf elitäre Intellektuelle im Unternehmen, die strategischem Denken gewachsen waren. Eine Beteiligung derjenigen, die schließlich die Strategien zu verwirklichen hatten, war „aus Zeitgründen" im Planungsprozeß nicht vorgesehen.

Auf diese Weise war auch in der sogenannten Zielvereinbarungsphase mit den Marktbereichen viel Überzeugungsarbeit zu leisten. Dabei wurden ausgefeilte Marktkennzahlensysteme eingesetzt, die die Verhandlungspartner auf der Marktseite erdrückten. Kein Wunder, daß die Zielvereinbarungen meist in Zielvorgaben ausarteten. „Denn letzten Endes trägt ja der Chef die Verantwortung". Später wurde ein Umdenken eingeleitet, das zu großen Planungserfolgen führte.

Negativbeispiel B:
Braintrusts entwickeln und entwickeln, fernab von der Praxis.
Eine öffentlich-rechtliche Großbank in Deutschland hielt sich einen Braintrust im Form einer Abteilung für Grundsatzfragen. In diesem war eine Mischung aus hochkarätigen Betriebswirten, Nationalökonomen, Informatikern und Mathematikern vereinigt. Ihre Aufgaben bestanden darin, Ideen des Vorstandsvorsitzenden aufzugreifen und auszuarbeiten, oder die Ideen der Gegner des Vorstandsvorsitzenden aufzugreifen und zu vernichten. Durch aktuelle Literatur und Beispiele anderer angeregt, schlugen sie die Installierung eines congenialen strategischen Planungsprozesses vor. Diese Anregung wurde gutgeheißen und die „Anreger" ermuntert, doch zu starten. Doch entsann sich das Topmanagement just in dieser Periode, daß die jungen zornigen hochkarätigen Männer einer Grundsatzabteilung angehörten. Und jetzt regnete es ununterbrochen ganz wichtige Grundsatzfragen.

Aufträge wie eine neue mathematische Methode zur Renditeberechnung von Depot A, die Frage nach der effektivsten Effektivverzinsung, die

Erwiderung eines öffentlichen Angriffs der Großbanken auf den „öffentlichen Auftrag" der Sparkassen hielten das Team in Atem. Und so zog ein Halbjahr nach dem anderen ins Land, bis eine große amerikanische Beratungsgesellschaft ungeduldig vom Management beauftragt wurde, ein strategisches Konzept für die Bank zu erarbeiten – natürlich alles streng geheim.

Dutzende von strategischen Geschäftseinheiten – denen sich auch die alte Organisationsstruktur unterzuordnen hatte – wurden gebildet. Die gesamte Aufbauorganisation wurde „durcheinandergebeutelt". Nur ein verhältnismäßig niedriger Prozentsatz der bestehenden Führungspositionen blieb erhalten. Die neuen Führungskräfte hatten die Chance und den Ehrgeiz, die in Stäben bzw. Teilprojekten erarbeiteten Ziele und Strategien in ihrer SGE zu verwirklichen. Der Grad der Koordination und Integration all dieser existenziellen Vorgänge hing einzig und allein von einer Handvoll Stabsmitarbeiter ab.

Anscheinend ging die Sache gut aus. Die Bank ist in ihrer Geschäftstätigkeit erfolgreich, ob wegen oder trotz dieser Planung wird sich für viele Beteiligte „leider" – für wenige „Gott-sei-Dank" – nie zuordnen lassen.

Positivbeispiel A:

Hierarchisch hochrangiges Planungsteam erzielt nach großen Anlauf- und Zeitschwierigkeiten große Realisierungserfolge.

Eine deutsche Kreissparkasse aus der „zweiten Bundesliga" hat im Führungskreis Eins den Entschluß gefaßt, ein strategisches Konzept mit externer Hilfe zu installieren. Sechs Führungskräfte aus der zweiten Ebene, darunter einige „Verhinderungsvertreter" – wie es im deutschen Sparkassenjargon heißt – wurden in das Planungsteam kooptiert. Zunächst lief es sehr schleppend. Konflikte auf der emotionalen Ebene wurden über Sachfragen mehr an- als ausdiskutiert. Jeder dritte der hochkarätigen Manager war der Überzeugung, daß die Wirklichkeit auf seiner Seite wäre, der andere hingegen einem Trugschluß unterliege. Diese Haltung hatte sich in ihrer täglichen Führungsarbeit immer wieder bestätigt, und keiner ihrer Mitarbeiter konnte ihnen das Gegenteil beweisen. Doch nachdem etwa drei mal zwei Projekttage hinter uns lagen, war das „Radgeschlage" vorbei. Man hatte erkannt, daß man einander nicht zu imponieren braucht und stürzte sich voll in die Sachfragen, die es zu lösen galt.

Das zweite Problem war die zeitliche Verfügbarkeit der Manager. Das congena-Projektdesign sieht vor, daß das Planungsteam an etwa drei aufeinanderfolgenden Arbeitstagen im Projekt arbeiten sollte. Sporadische Treffen und größere Abstände führen zu Informationsverlusten, zu hohem Einarbeitungs- und Informationsaufwand, höherem Abstimmungsbedarf. In manchen Wochen konnten sich diese Bereichsleiter nur für zwei Projekttage aus ihrem Tagesgeschäft herausschälen. Trotzdem kamen wir durch intensive Arbeit und Delegation von determinierten Aufgaben gut voran. Zu diesen Aufgaben zählten Informationseinholung von Szenarioprognosen, Erhebungen für den Stärken-Schwächen-Katalog, Datenaufbereitung, Visualisierung für Präsentationen, Dokumentation der Ergebnisse der Projektsitzungen.

Der besonders positive Effekt dieser Zusammensetzung des Projektteams war, daß die wichtigen Bereichsleiter des Institutes voll hinter dem Strategischen Konzept standen – und zwar ganz nah, nicht Kilometer dahinter.

Sie engagierten sich persönlich bei der Vermittlung des Leitbildes an alle Mitarbeiter. Sie übernahmen auch für ihren Bereich jeweils die Überzeugungsarbeit ihrer Mitarbeiter bezüglich der selbst erarbeiteten Zielrichtungen und Strategien. So war es auch wesentlich leichter als bei anderen Projekten, die Maßnahmen für das Jahresmotto mit den Mitarbeitern zu erarbeiten und sie mit allen anderen Stellen des Hauses abzustimmen. Dieses Institut hat im norddeutschen Raum unter anderem dadurch eine Vorreiterrolle bei der Entwicklung und Durchsetzung neuer Markt- und Organisationsstrategien eingenommen.

Positivbeispiel B:

„Kleine" Sparkasse mit „großem" Planungsteam erarbeitet zügig akzeptierte und umsetzbare Strategien.

Auch hier handelte es sich um eine norddeutsche Sparkasse, jedoch kleiner als die oben genannte. Als wir zu den Strategien und Zielrichtungen kamen, wurden schon die Hände gerieben, von wegen, jetzt geht es endlich los. Das Leitbild wurde hervorgeholt, der Berg von Szenarien und der Stärken-Schwächen-Katalog sichtbar für alle mit Flips an alle verfügbaren Wände geklebt. Die Aussagen aus Unternehmensleitbild, Szenario, Stärken-Schwächen-Katalog wurden von den Teammitgliedern durchgelesen und mit Hilfe der Checkliste wurden in Einzelarbeit Karten mit anzustrebenden Zielrichtungen für das entsprechende Planfeld formuliert. Diese wurden dann je Planfeld im Plenum präsentiert und diskutiert. Gemeinsam erfolgte eine Verdichtung der Zielrichtungen sowie eine Rangreihe. Aufgrund des Zeitdruckes im Projekt – lediglich drei Tage für die Erarbeitung der Zielrichtungen – mußten auch wir als Externe herhalten: Wir formulierten die Zielrichtungen mit Hilfe der Karten und der gemeinsamen Diskussion aus. Ein äußerst zeitsparendes Vorgehen für den Auftraggeber! Unsere Formulierungen wurden dann wieder im Plenum abgestimmt.

Wir haben mit der Vorbereitung in Einzelarbeit sehr gute Erfahrungen gemacht, da sich zum einen kein Planungsteammitglied um ein weniger interessantes Planfeld „drücken" konnte, aber was noch wichtiger war, war die starke Übereinstimmung der Karten je Planfeld. Die ausformulierten Zielrichtungen wurden noch zweimal durch die Korrekturschlaufe

Verdichtung von Zielrichtungen

geschickt, nicht nur unter dem Aspekt der „schönen Worte", sondern auch vor dem Hintergrund, daß dieses Haus einen Vorstand besaß, der Wert legte auf wenige, dafür aber umsetzbare Strategien (Freude bei uns). Er hielt nichts von endlosem Papier. Aber das war ja auch der Ausgangspunkt für die Erarbeitung des strategischen Konzeptes gewesen: kurze, prägnante Strategien, die für alle anfaßbar sind. Deshalb waren auch die Mitglieder des Planungsteams hauptsächlich Bereichsleiter, die von Mitarbeitern aus Vertrieb und Marketing unterstützt wurden. Durch die starke Einbindung der zweiten Führungsebene in die eigentliche Projektarbeit wurde gewährleistet, daß die Information auch zu den Mitarbeitern gelangte und des weiteren die erste Weiche für die Umsetzung gestellt. Bei so viel schweißtreibender Arbeit, den Kämpfen im Planungsteam und den langen Abenden war keiner bereit, die Arbeitsergebnisse einfach so in die Schublade zu legen, denn „...jetzt gibt es auch für den Vorstand kein zurück mehr..."

Aber der wollte auch überhaupt nicht zurück. Im Gegenteil: Bei der Vorstellung des Informationskonzeptes durch das Planungsteam war er „Feuer und Flamme" und brachte zudem noch kreative Anregungen (die teilweise zu aufgerissenen Augen des Planungsteams führten) mit ein. Die Informationsveranstaltung für die Mitarbeiter wurde gemeinsam vom Planungsteam, allen Führungskräften der zweiten Ebene und dem Vorstand durchgeführt. Und das Feedback der Mitarbeiter zu dieser Veranstaltung läßt darauf schließen, daß dies wohl bisher einmalig war hinsichtlich Infos, Rahmenbedingungen und natürlich Spaß. Damit steht der Umsetzung nichts mehr im Wege.

Eine kleine Anmerkung am Rande: Zum Leidwesen des Vorstandes waren es am Ende mehr als 20 Strategien...

# Kapitel 8

Die Jahresplanung

Die Jahresplanung

Brücke zwischen strategischer und operativer Planung

Die Brücke von der strategischen zur operativen Planung und damit zur Realisierungsphase ist die Jahresplanung. Seit den 70er Jahren haben wir für jeden Auftraggeber die wirksamste Vorgehensweise gesucht, den einen oder anderen Irrweg beschritten und schließlich ein Verfahren gefunden, das bei fast allen Instituten durch Einbeziehung der Mitarbeiter und Konzentration auf das Wesentliche einen hohen Realisierungsgrad der Planungsergebnisse brachte. Dieses congeniale Vorgehen wird hier beschrieben.

8.1 Von den Strategien zu geschäftspolitischen Jahresschwerpunkten

Es gilt folgendes Mengen- und Motivationsproblem zu lösen:

Einerseits haben wir für jedes Planfeld im Durchschnitt fünf Zielrichtungen entwickelt, deren Umsetzung für die Zukunft des Unternehmens wichtig ist. Andererseits sollte man nicht 60 bis 80 Strategien im ersten Realisierungsjahr in Angriff nehmen. Denn durch Konzentration der Energien auf wenige Vorhaben erhöht man die Stoßkraft und den Effekt der Bemühungen. Allen Mitarbeitern soll die Möglichkeit geboten werden, sich am Aufbruch zu neuen Ufern, also an der Verwirklichung des soeben fertiggestellten strategischen Konzeptes zu beteiligen. Es soll nicht nur ein Teil des Unternehmens diese Aktivitäten tragen, sondern alle, möglichst gleichverteilt.

Das zweite Dilemma besteht in der Auswahl der Strategien. Welche Kriterien sind dabei anzulegen? Aus unserem Repertoire an Kriterien, die sich im Laufe der Jahrzehnte ergeben haben, seien hier einige aufgeführt:

- Dringlichkeit, weil eine bestimmte Schwäche einen gravierenden Engpaßfaktor für die Entwicklung des Gesamtinstitutes darstellt.
- Wichtigkeit im Hinblick auf die Verwirklichung des Leitbildes.

- Kosten-Nutzen-Relation: Der erforderliche Aufwand in DM oder Anstrengungen im Verhältnis zur Zielerreichung, wie zum Beispiel zum Ergebnis in Deckungsbeiträgen oder Marktanteilen oder Außenwirkung.

Hier haben wir Bewertungsmatrizen noch und noch entworfen, haben uns gemeinsam mit den Planungsgruppen durch komplizierte Bewertungsverfahren gekämpft, bis wir zu folgender pragmatischer Vorgehensweise gelangten. Sie hat sich in allen Projekten der letzten fünf Jahre gut bewährt; das heißt sie hat zu einem hohen Realisierungsgrad der Planungsergebnisse geführt.

Wir bilden für das nächste und eventuell auch übernächste Geschäftssjahr einen geschäftspolitischen Schwerpunkt. bestehend aus einem Schwerpunkt für den Marktbereich (könnte aus mehreren Strategien bestehen, wie zum Beispiel für Zielgruppen, Produkte oder Vertrieb) sowie aus einem Schwerpunkt für den Betriebsbereich. Ein Motto, das womöglich beide verbindet und Synergien erzeugt, soll helfen, das gegenüber Mitarbeitern, vielleicht auch gegenüber Kunden zu kommunizieren.

Wie dieser Schwerpunkt gefunden wird, welche Informationen diesem zugrundegelegt werden, wird im nachfolgenden Schaubild dargestellt.

Die beiden geschäftspolitischen Jahresschwerpunkte, womöglich unter einem Motto vereint, bilden die Kriterien, unter welchem die einzelnen Zielrichtungen aus dem vorhanden Strategischen Konzept ausgewählt werden. So ermöglicht man die Bündelung der Kräfte, verhindert, daß jeder Bereich seinen Lieblingsideen nachläuft und dadurch die Energien zerfleddern und verpuffen.

Bei der Wahl des Mottos ist neben den nachfolgend dargestellten Inputs zu berücksichtigen, daß möglichst jeder im Unternehmen für seinen Wirkungsbereich daraus Aktivitäten ableiten kann. Das erhöht die Schlagkraft nach außen auf den Markt und die Wirkung nach innen auf die Motivation der Mitarbeiter.

Die Entwicklung des Mottos und die Auswahl der am besten geeigneten Zielrichtungen und Strategien, um diese in die Realität umzusetzen, erfolgt in einer Klausur aller Planungsgremien. Diese muß vom Planungsteam sorgfältig vorbereitet werden.

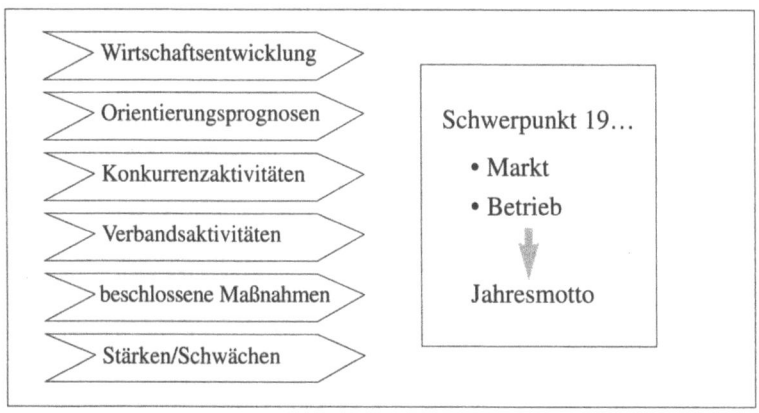

Abbildung 24: Entwicklung eines Mottos

Das bedeutet für das Planungsteam, daß es Jahresprognosen von Verbänden oder Wirtschaftsforschungsinstituten einholt. Auf einer A4-Seite sollten alle relevanten Daten Platz finden, um den Teilnehmern an der Jahresplanungsklausur ein kompaktes Bild vom *Wirtschaftsklima* des kommenden Geschäftsjahres im Einzugsbereich zu geben. Kurz und bündig werden die Daten präsentiert und interpretiert.

> Orientierungsprognosen

- Wachstum
- Wachstum DBS
- Kreditzuwachs
- Einlagenzuwachs
- Ertrag
- Zinsüberschuß
- Zinsänderungsrisiken
- Provisionsertrag
- ordentlicher Ertrag
- Personalaufwand
- Sachaufwand

Die *Orientierungsprognosen* von betriebswirtschaftlichen Schlüsselgrößen sollen vorhersagen, was passieren wird, wenn nichts passiert. Das bedeutet: reine Trendextrapolationen von ausgewählten Bilanz- und G&V-Größen sollen Engpaßfaktoren aufzeigen. Auch dies soll in knapper Form, leicht überschaubar und möglichst durch farbige Kurven für die Führungskräfte der Markt- und internen Bereiche illustriert werden.

> **Konkurenzaktivitäten**

- neue Produkte
- Rationalisierung
- neue Vertriebswege
- Gebührenpolitik...

Die *Konkurrenzaktivitäten* werden mit Hilfe eines Brainwritings auf Moderationskärtchen im Plenum der Klausur von allen Teilnehmern erarbeitet. Die Frage, die zu beantworten ist, lautet: Was ist mir über die Absichten der Konkurrenz für das nächste Jahr zu Ohren gekommen, was habe ich über bevorstehende Aktivitäten der Konkurrenz erfahren? Diese Informationen werden mittels Kärtchen in das Plenum gebracht und vom Planungsteam, das als Moderator fungiert, nach Planfeldern gruppiert. Dieser Punkt ist in etwa 20 bis 30 Minuten abgehandelt.

> **Verbandsaktivitäten**

- Produkte Privat-/ Firmenkunden
- Vertriebswege
- Marketingaktivitäten
- Spezialthemen...

Die Informationen über die geplanten *Verbandsaktivitäten* werden auf ähnliche Weise eingeholt. Hier sind es bei den Sparkassen und Genossenschaftsbanken meist die Vertreter des Marketing, des Vorstandssekretariates sowie des EDV-Bereiches, die über die meisten Hinweise verfügen.

> **beschlossene Maßnahmen**

- EDV
- Bauinvestitionen
- Produktentwicklungen...

Von den bereits in den Vorperioden *beschlossenen Maßnahmen* werden diejenigen bewußt gemacht, die namhafte personelle und/oder finanzielle Ressourcen binden, wie zum Beispiel durchgreifende Änderung der Aufbauorganisation, der Bau bzw. Bezug eines neuen Zentralgebäudes, Hardware- bzw. Software- Installationen im großen Rahmen, die Einführung eines neuen Leistungsangebotes und dergleichen mehr.

Diese Maßnahmen müssen bei der geschäftspolitischen Schwerpunktsetzung miteinbezogen werden, sofern sie nicht dem eben erst fertiggestellten strategischen Konzept zuwiderlaufen. Sie sind dem Teilnehmerkreis gegenwärtig und an dieser Stelle in visualisierter Form festzuhalten. Auch hier eignet sich die Methode des Brainwriting.

Die letzten drei genannten Informationsblöcke können auch durch Fragebögen erhoben werden, die vor der Klausur an die Teilnehmer versandt werden. Unsere Erfahrung hat aber gezeigt, daß es die Teilnehmer in Form eines ad hoc-Brainwriting weniger belastet und mehr Spaß macht, ihre Information in dieses Gremium einzubringen.

> Stärken/Schwächen

- Stärken/Schwächen in allen Planfeldern:
  - Stärken mit der Bewertung „12"
  - Schwächen mit der Bewertung „3"

Als letzten der Inputs werden aus dem *Stärken-Schwächen-Katalog* diejenigen durch das Planungsteam vergegenwärtigt, die eine besonders hohe Bewertung sowohl negativ als auch positiv erfuhren. Es wird besonders auf jene Stärken hingewiesen, die mit geringem Realisierungsaufwand für das Institut eingesetzt werden können. Desgleichen werden große Schwächen hervorgehoben, die mit geringem Aufwand beseitigt werden können.

Nach diesen sechs Inputs im Plenum, werden je nach Größe der Gesamtgruppe Untergruppen gebildet. Diese haben die Aufgabe, ein Motto für das nächste Geschäftsjahr im Lichte der soeben überdachten Einflüsse zu finden. Was den Markt betrifft, so soll es sich auf Zielgruppen, das Leistungsangebot, den Vertrieb und die Stellung in der Öffentlichkeit beziehen. Was den Betriebsbereich betrifft, so sind die Planfelder Ergebnissteuerung, Mitarbeiter, Organisation, EDV/Technik etc. angesprochen. Die Untergruppen präsentieren ihre Vorschläge im Plenum, das auch die Entscheidung trifft. Abstimmung wäre die einfallsloseste Form der Entscheidungsfindung. Meist kommt es zu kreativen Kombinationen der von den Untergruppen erarbeiteten Vorschläge. Habemus papam! Der weiße Rauch steigt auf – und das Unternehmen hat ein Motto, das allem

Denken und Handeln im nächsten Jahr seinen Stempel aufdrücken wird und alle Mitarbeiter mitreißen soll. Aber beschlossen ist noch lange nicht realisiert. Daher haben wir in den Jahren unserer Planungpraxis gelernt, daß diese Klausur nur jemand verlassen darf, der die Verantwortung für mindestens eine Strategie übernommen hat, die der Verwirklichung des Mottos dient. Das heißt jede teilnehmende Führungskraft hat sich mindestens eine Zielrichtung bzw. Strategie ans Bein zu binden. Aufgabe jeder dieser Führungskräfte ist es, mit ihren Mitarbeitern Maßnahmenpläne laut dem hier abgebildeten Maßnahmenentwicklungsbogen zu erarbeiten, der die Realisierung der Strategie sicherstellt.

Maßnahmen-Entwicklungsbogen
Strategie:
Operatives Ziel:

Maßnahme	wer?	bis wann?	Pers. Aufw. AT*	Sach- aufw. TDM	Mitwirkung zugesagt von	

* *in Arbeitstagen*
Abbildung 25: Maßnahmen-Entwicklungsbogen

Bei der Maßnahmenentwicklung ist vor allem darauf zu achten, daß die für die Durchführung der Maßnahmen zusätzlich notwendigen Arbeitstage, die zusätzlichen Mittel in TDM, vor allem aber die Mitwirkung anderer Stellen des Institutes ermittelt, angeführt und sichergestellt werden. Nur so wird ein hoher Realisierungsgrad der Strategien und Maßnahmen gewährleistet.

Nach einem Zeitraum von etwa vier bis sechs Wochen sind die mit den Mitarbeitern erarbeiteten Maßahmenvorschläge an eine koordinierende

Stelle des Institutes zu senden. Dies ist meist diejenige, die für die Jahresplanung verantwortlich ist, zum Beispiel Controlling, Marketing, Rechnungswesen, Planung etc. Sie stellt die Vorschläge zusammen, zeigt eventuelle Widersprüche auf, ermittelt die zusätzlich erforderlichen personellen und finanziellen Ressourcen.

Auf einer zweiten Jahresplanungsklausur – etwa sechs bis acht Wochen nach der ersten – werden die Ergebnisse präsentiert, diskutiert und die betriebswirtschaftlichen Auswirkungen auf Bilanz und G&V erörtert. Sollten die zusätzlich erforderlichen Ressourcen nicht darstellbar sein, ist die Entscheidung zu treffen, ob die vorgeschlagenen Maßnahmen oder die Planungsgrößen des Rechnungswesens zu modifizieren sind. Die Ergebnisse dieser zweiten Jahresplanungsklausur sind dann die Basis für den Zielvereinbarungsprozeß hinsichtlich der quantitativen Markt- und Betriebsbereichsziele.

Wird in einem Institut der Begriff der Zielvereinbarung Ernst genommen, könnte es sein, daß ein neuerlicher Durchlauf jener Ziele und Strategien durch die Planunggremien erforderlich ist, bei denen die Führungskräfte im Zielvereinbarungsgespräch mit ihren Mitarbeitern angesichts plausibler Argumente keine Einigung erzielt haben. Hier enden die Aufgaben der strategischen Planung.

Hin und wieder sind vor allem in Großinstituten Diskussionen darüber im Gange, wer die Jahresplanungsklausuren verantwortlich steuern soll. Sind es die strategischen oder die operativen Planer, meist ist es das Controlling. In der Tat handelt es sich hier um eine Schnittstelle, die zu einer congenialen Nahtstelle werden sollte. Im Sinne unseres Verständnisses von den Aufgaben der strategischen Planung und des Controlling laut Kapitel eins, fiele die Findung des Jahresmottos und der geschäftspolitischen Schwerpunktsetzung in den Aufgabenbereich der strategischen Planung, die Koordination der Maßnahmenentwicklung in den Bereich des Controlling. Existieren aufgrund der Institutsgröße unterschiedliche Organisationseinheiten für strategische und operative Planung, dann empfehlen wir die Verantwortung zumindest für die erste Jahresplanungsklausur noch bei der Strategischen Planung zu belassen. Erst die zweite Jahresplanungsklausur sollte dem Controlling überantwortet werden.

Unserer Erfahrung nach ist die Gefahr groß, daß Strategien auf dem Papier unbeachtet bleiben und vom Controlling nur mehr die quantitativen Ziel- und Maßnahmenplanungen aufgestellt und kontrolliert werden, wenn die Verantwortung für die weitere Steuerung des Planungsprozesses schon bei der ersten Klausur auf das Controlling übergeht. Das qualitative, kreative Element könnte somit bei der Planung in den Hintergrund treten.

Umgekehrt fehlt manchen strategischen Planern das Detailwissen in bezug auf Bilanz- und G&V-Prognosen und -Probleme, so daß in der zweiten Klausur mehr der operative Planer gefragt ist.

Als beste Lösung erscheint uns eine congeniale Teamlösung, die wir schon oft erfolgreich praktiziert haben. Ein „Team Jahresplanung" wird ab der ersten Jahresplanungsklausur für Koordinierung, Organisation und Steuerung des Jahresplanungsprozesses inklusive Kontrolle verantwortlich gemacht. Diesem Team sollten die Funktionen Strategische Planung/Bankentwicklung, Volkswirtschaft, Marketing, Controlling, Betriebswirtschaft und interne und externe Kommunikation angehören. In kleinen Instituten können diese Funktionen in ein bis zwei Personen vereinigt sein, in großen Instituten können diese Funktionen zu einer Gruppe von sechs bis acht Teilnehmern anwachsen.

8.2 Beispiele aus der Praxis

Negativbeispiel:

Ein großes Massenfilialinstitut hat sich – ähnlich wie vorher dargstellt – in monatelanger Projektearbeit durch den Prozeß hindurchgebissen. Als Ergebnis wurden 150 Strategien erarbeitet und verabschiedet. Trotz einem strengen Bewertungs- und Auswahlverfahren nach dem Kosten-Nutzen-Prinzip blieben über 118 Strategien zur Überleitung in den Jahresplan übrig. Der Eifer der am Planungsprozeß beteiligten Führungskräfte war groß. Sogenannte „Strategieväter" kehrten von einer kräfte- und schlafraubenden Zweitagesklausur vom Tulbingerkogel zurück. An jedem ihrer Beine hingen drei bis vier „Kinder" – ihre Strategien. Die Folge war, daß nun jeder mit seinen Mitarbeitern je nach Gutmütigkeit oder Weigerungsvermögen sechs bis acht Maßnahmenentwicklungsbögen zu planen hatte.

Schon im ersten Quartal des nächsten Geschäftsjahres zeichnete sich ein Zielerreichungsgrad von 20 Prozent auf das Jahr hochgerechnet ab.

„Strategievater mit seinen Kindern"

Der „hockey-stick-Effekt" ließ sich bei fast allen quantitativen Größen erkennen. Das ist jenes Phänomen, das auch der regierende US-Präsident spätestens im Jahr 2000 registrieren wird, ab welchem Zeitpunkt er das Greifen der geplanten Einsparungen prognostiziert. Das Eintreffen des Effektes geplanter Maßnahmen verschiebt sich von Jahr zu Jahr nach hinten. „Der Aufschwung kommt!...aber wenn überhaupt, so immer später als er geplant war."

Die Frustration war groß, bis man entdeckte, daß die treffsicherste Planung die im nachhinein war. Man paßte also laufend die Planzahlen an die Ist-Werte an, bis man nicht mehr wußte, ob man erfolgreich in der Durchführung der Maßnahmen oder im Ändern der Ziele war. Erst nach diesem Realisierungsjahr stellte man das eherne Gesetz auf, während eines Planjahres die Ziele nicht zu ändern, und läge die Latte auch noch so hoch. Die zweite noch wichtigere Lehre aus diesem Planungsdurchgang war, sich auf so wenige Strategien wie möglich in einem Geschäftsjahr zu beschränken. In der Beschränkung liegt die Kunst der Strategie. Sich nicht nur *für,* sondern auch *gegen* Alternativen zu entscheiden, heißt strategisch denken und handeln.

Ein zweites Negativbeispiel:

In einer österreichischen Bank – nach ihrer Bilanzsumme unter den zehn größten des Landes – wurde die organisatorische Zuordnung der Strategischen Planung und des Controlling zu Streitäxten im Kampf zweier Vorstandsmitglieder um die Vorherrschaft.

Zunächst hatte die Nummer eins im Organigramm den Kasten „Strategische Planung" unter sich, während der Nummer zwei „nur" mehr der operative Teil mit Budgetierung und Kostensteuerung verblieb.

Anfangs dominierte die strategische Planung, die in einem groß angelegten, systematischen Prozeß alle Unternehmensbereiche durchdrang. Ganz langsam legte sich dann die Aufbruchstimmung. Während sich der Vorstandsvorsitzende immer mehr in die höheren Sphären der Strategie verlor und mit seinem Team kreative Ideen zur Positionierung der Bank entwickelte, „killte" die Nummer zwei diese Ideen mit Kostenargumenten und ausgeklügelten operativen Steuerungsinstrumenten. Die Jahresplanung reduzierte sich auf die Schließung von Bilanz- und G&V-Lücken. Die Strategie wurde zum theoretischen Konzept degradiert. Ausgangspunkt und Endpunkt aller planerischen Überlegungen waren Bilanz- und G&V-wirksame Rechengrößen. Die Zweigstellen wurden mit den Marktmodellen und den Marktpotentialen im sogenannten Ziel-„Vereinbarungs"-prozeß geknebelt. Das Wachstum kühlte ab, ebenso wie das Arbeitsklima.

Die strategischen und operativen Steuerungsinstrumente liefen auseinander. In dieser Situation boten sich folgende Lösungen an:

- ein ressortübergreifendes Team Jahresplanung, das die Konflikte der ersten Ebene dialektisch hätte lösen können, oder
- Zusammenfassung der beiden Funktionen in ein Ressort. Je nachdem, ob es zur Nummer eins oder zwei kommt, würden die qualitativen Elemente der Strategie oder die quantitativen der operativen Planung dominieren, oder
- einer der beiden Vorstandsmitglieder verläßt das Institut und die Steuerungsinstrumente werden wieder für ihre eigentlichen Aufgaben eingesetzt.

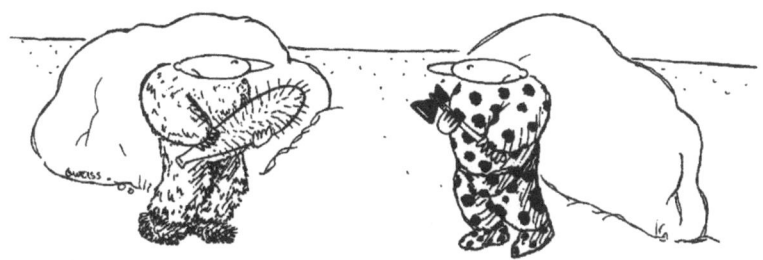

„*...wurde die organisatorische Zuordnung der strategischen Planung und des Controlling zu Streitäxten im Kampf zweier Vorstandmitglieder um die Vorherrschaft.*"

In diesem Beispiel hat man sich für letzteres entschieden. Jetzt zählt das Institut zu einem der ertragreichsten des Landes.

Kapitel 9

Anwendungsmöglichkeiten congenialer Planung auf Unternehmensteile

Anwendungsmöglichkeiten congenialer Planung auf Unternehmensteile

Das dargestellte Vorgehen eignet sich auch für die Entwicklung langfristiger Konzepte für Teilbereiche eines Kreditinstitutes. Vorstandsressorts, Hauptabteilungen, Abteilungen, Gruppen oder auch virtuelle Organisationseinheiten können ihre langfristige Zukunft nach dieser Methode erarbeiten.

Anpassungen sind bei den jeweiligen Instrumenten vor allem hinsichtliche der Bezeichnungen und Begriffsinhalte erforderlich.

Beim *Leitbild* bedürfen die Bezugsbereiche einer Anpassung: Das Verhältnis zu den Eigentümern wird zum Verhältnis zu den Entscheidungsträgern uminterpretiert werden müssen. Die Abnehmer der Leistung in interne und externe Abnehmer. Die Konkurrenz in andere Stellen des Institutes, die ähnliche Leistungen erbringen. Unter Öffentlichkeit werden das Gesamtinstitut aber auch externe Zielgruppen zu verstehen sein.

Die *Planfelder* bedürfen einer sinngemäßen Umformulierung, wie zum Beispiel:

- Kunden = interne Abnehmer der Leistung
- Stellung in der Öffentlichkeit = Stellung im Hause
- Verband = Personalvertretung
- Vertrieb = Vertreter der eigenen Einheit in Gremien bzw. Betreuer interner Kunden

Im *Szenario* werden die Entwicklungen im Hause aber außerhalb des unmittelbaren Einflußbereiches der eigenen Einheit erfaßt und prognostiziert.

Der *Stärken-Schwächen-Katalog* wird analog zu den umformulierten Planfeldern erstellt, im genau demselben Verfahren wie für das Gesamtinstitut. Um die Erarbeitung zu verkürzen, kann eine bestehende Planfeldscheibe plausibel angepaßt werden, ohne sich durch die gesamte Abhängigkeitsmatrix „durchturnen" zu müssen. Die Erkenntnisse werden hinsichtlich des Leitbildes der Einheit nicht so tief, aber es reicht durchaus für eine systematische Weiterarbeit.

Die *Zielrichtungen* und *Strategien* können auf genau dieselbe Weise entwickelt werden. Ebenso die *Jahresplanung* mit Jahresmotto und abgeleiteten Maßnahmenplänen.

Wir haben für Unternehmensbereiche von Großbanken, aber auch für Personalbereiche, Organisationsbereiche von mittleren Instituten langfristige Konzepte nach der congena-Strategieplanungsmethode geplant und realisiert.

Ja, in stillen Zeiten kann man dieses Vorgehen auch für einen individuellen Lebensplan verwenden. Es geht! Die Autoren haben es schon probiert.

Kapitel 10

Zeitbedarf für strategische Planungsprojekte

Zeitbedarf für strategische Planungsprojekte

Die ersten Projekte, die wir Anfang der 70er Jahre für deutsche und österreichische Großsparkassen durchführten, dauerten von der Planung und der Organisation des Projektes etwa neun bis zwölf Monate. Damals war diese Art von Prozessen noch Neuland, sowohl in Europa als auch in den USA. Vollkommen undenkbar schien dies vor allem für Kreditinstitute. So kommentierte 1970 Hans Krasensky, Vorstand des Institutes für Bankbetriebslehre an der Wirtschaftsuniversität Wien, Herbert Durstbergers Vortrag über strategische Planung in Banken: „Strategische Planung hin, strategische Planung her; Geld ist doch ein besonderer Saft, und den kann man nicht planen. Was Banken brauchen, sind Unternehmer mit einem Gespür fürs Risiko und Intuition!" Daraufhin verweigerte Durstberger die Veröffentlichung seines Referates in der Bankwissenschaftlichen Reihe des Institutes.

Damit soll gezeigt werden, wie bahnbrechend damals strategische Planungsprojekte waren. Noch revolutionärer war der *congeniale Ansatz* in den damals üblicherweise hierarchischen Instituten, der jeweils alle Führungskräfte der zweiten Ebene und eine große Zahl an Mitarbeitern in die Meinungsbildungs- und Entscheidungsfindungsprozesse mit einbezog. Spareinlagenzuwächse oder -rückgänge wurden als gottgebene Naturereignisse betrachtet. An ein Gestalten dieser Größen war nicht zu denken. Der damalige Vorstandsvorsitzende der zweitgrößten Sparkasse Österreichs – er hieß noch Generalsekretär – verglich täglich die Spareinlagenveränderungen und Hypothekenzuzählungen taggenau mit dem Vorjahr und freute sich über positive Abweichungen und war über negative traurig. Ein planerisches Eingreifen hielt er ursprünglich für völlig absurd. Im Verlauf des ersten Planungszyklus fand er Gefallen an diesem Instrument und förderte dessen Weiterentwicklung mit aller Kraft, um sein Haus vor seinem Abtreten gut zu bestellen.

Aus dieser Historie ist erklärlich, daß solche Projekte lange Zeit in Anspruch nahmen. Heute sind bereits viel mehr Informationen in den Instituten vorhanden, die für die strategische Planung herangezogen werden können. Meist liegt ein Überangebot vor, so daß mit den geschilderten Verfahren selektiert werden muß. Allerdings hat sich der Zeitbedarf für Verhaltensänderungen nicht verringert.

Die Instrumente für die strategische Planung haben wir laufend weiterentwickelt, operationalisiert und auch für Nicht-Planungsfachleute handhabbar gemacht. Dadurch gelingt es uns in der Regel, Planungsprojekte in mittelgroßen Instituten mit etwa sieben bis zwölf Milliarden DM Bilanzsumme und einer Mitarbeiterzahl von knapp 1 000 bis 1 500 in einer Zeitspanne von vier bis sechs Monaten über die Bühne zu bringen. Natürlich hängt das nicht nur vom vorhandenen Informationsmaterial, sondern auch von der Verfügbarkeit interner Projektteammitglieder ab und ferner, ob diese vor- oder nachbereitende Arbeiten an Mitarbeiter delegieren können. Etwa dreißig bis vierzig Projektteamtage sind für das Durchlaufen der einzelnen Planungsschritte einzukalkulieren. In Großinstituten muß wegen der umfangreicheren und daher längerdauernden Eintscheidungsprozesse mit längeren Zeiträumen und auch mehr Projekttagen gerechnet werden.

Projektdauer für ein größeres Institut
(Bilanzsumme 20 Mrd. DM, 3 300 Mitarbeiter)

Arbeitsschritte	Tage Planungsteam	Zeit für Erarbeitung in Wochen	Tage Entscheidungsgruppe
1. Formierung Planungsteam und Erstellung Projektplan	3		
2. Entwicklung Leitbild	9	4	2
3. Festlegung Planfeldsystem	3	2	
4. Durchführung Umfeldanalyse	9	8	2
5. Erstellung Stärken-Schwächen-Katalog	12-15	10-12	2
6. Erarbeitung Strategischer Langfristplan	12	3-4	2
7. Erarbeitung Informationskonzept	2		
8. Ableitung Jahresplanung	9	4-6	2
Summe	59-62	31-36	10

Projektdauer für ein mittleres Institut
(Bilanzsumme 7 Mrd. DM, 1 250 Mitarbeiter)

Arbeitsschritte	Tage Planungsteam	Zeit für Erarbeitung in Wochen	Tage Entscheidungsgruppe
1. Formierung Planungsteam und Erstellung Projektplan	2		
2. Entwicklung Leitbild	5-6	3	1-2
3. Festlegung Planfeldsystematik	2	1	
4. Durchführung Umfeldanalyse	6	4-6	1
5. Erstellung Stärken-Schwächen-Katalog	9-12	4-6	1-2
6. Erarbeitung Strategischer Langfristplan	6	2	1
7. Erarbeitung Informationskonzept	1		
8. Ableitung Jahresplanung	6	3-4	1-2
Summe	37-41	17-20	5-8

Projektdauer für ein kleines Institut
(Bilanzsumme 2,5 Mrd. DM, 350 Mitarbeiter)

Arbeitsschritte	Tage Planungsteam	Zeit für Erarbeitung in Wochen	Tage Entscheidungsgruppe
1. Formierung Planungsteam und Erstellung Projektplan	0,5	1 Tag	0,5
2. Entwicklung Leitbild	2	2 Tage	
3. Festlegung Planfeldsystematik	1	1 Tag	1
4. Durchführung Umfeldanalyse	3	2 Wochen	
5. Erstellung Stärken-Schwächen-Katalog	4	4 Wochen	1
6. Erarbeitung Strategischer Langfristplan	3	2 Wochen	1
7. Erarbeitung Informationskonzept	1	1 Tag	
8. Ableitung Jahresplanung		2 Wochen	2
Summe	14,5	11-15 Wochen	5,5

MIX
Papier aus verantwortungsvollen Quellen
Paper from responsible sources
FSC® C105338

If you have any concerns about our products,
you can contact us on
ProductSafety@springernature.com

In case Publisher is established outside the EU,
the EU authorized representative is:
**Springer Nature Customer Service Center GmbH
Europaplatz 3, 69115 Heidelberg, Germany**

Printed by Libri Plureos GmbH
in Hamburg, Germany